LES PLUS BELLES
RACES DU MONDE

CHEVAUX DE RÊVE

PAR LÆTITIA BOULIN-NÉEL

NOUVELLE ÉDITION

SOMMAIRE

Dao de Courenne, par Zagalotte, célèbre compagnon de spectacle de Magali Delgado, élevage Delgado

INTRODUCTION

« Je ne vois pas pourquoi tu consacrerais un chapitre entier sur les chevaux islandais dans ce livre. Dans ce cas, pourquoi ne déclines-tu pas toutes les races, jusqu'au poney shetland, pour évoquer des chevaux de rêve ? »
Tel fut le propos d'un collègue avec qui je m'entretenais sur le sujet de ce livre. Lui, sans doute, n'avait jamais fantasmé sur ces petits chevaux étranges, dotés de cinq allures et vivant en troupeaux dans les brumes tantôt chaudes, tantôt froides des plaines islandaises qui s'étendent à perte de vue.
Ma déception dut se lire sur mon visage. Enfant, j'avais un rêve absolu : organiser un raid avec mes amis et parcourir l'Islande sur le dos de ces petits chevaux endémiques ; goûter aux joies du tölt, cette allure spécifique et bizarroïde, en même temps que celles des geysers.
Mon rêve ne se réalisa pas, mais au fil des ans, il céda la place à d'autres : tour à tour les barbes puis les camargues, puis tant d'autres… et enfin les chevaux ibériques gagnèrent les nuits de mon cœur, tandis qu'en plein jour, je ne montais que des anglo-arabes et des selles français !

Étrange sujet que les chevaux de rêve, donc. Sujet ô combien subjectif et personnel. Les uns m'en voudront presque mortellement de ne pas intégrer le pur-sang anglais dans mes pages. D'autres me comprendront quand ils me reprocheront dans le même temps de ne pas parler des anglo-arabes, du pottok ou des Tennesse Walker, ou que sais-je encore …
Parmi les centaines de races de chevaux recensées dans le monde, comment sélectionner celles qui entrent dans la catégorie « chevaux de rêve » ? Comment remiser au placard la quasi-totalité de ces races pour n'en garder au final qu'une petite dizaine, qui, dans cet ouvrage, porteront glorieusement un label – secrètement – envié ?

Autant l'avouer. Mes critères de sélection ont été essentiellement d'ordre esthétique. Une esthétique qui se définit autour de trois axes principaux : la morphologie, la robe et les allures. Les compétences et résultats sportifs ont été – pour une fois – tout bonnement relégués aux oubliettes ! Un Jappeloup, un Milton, un Charisma aux parcours quasi mythiques ont fait rêver des générations de cavaliers. Mais sont-ils pour autant des chevaux de rêve ? Sans doute que non. Non, parce qu'ils n'ont pas la crinière longue à traîner au sol. Non, parce qu'ils n'ont pas les mensurations des top modèles arabes, frisons ou ibériques. Non, parce qu'ils n'ont pas une robe bigarrée ou dorée à faire frémir de jalousie tous leurs voisins. Non, parce qu'ils n'ont pas la classe et l'allure de l'Ancien Temps, d'un temps ancien où la haute école et ses allures brillantes faisaient loi.
Et à l'heure du sport à gogo et du sport tout puissant, il est une certitude : la plupart des amoureux des chevaux se rient des podiums olympiques et mondiaux. Le cheval est avant tout l'incarnation de la beauté et de la force, de la docilité et de la liberté et c'est au naturel, lancé à plein galop dans ses pâtures ou immobile, qu'il laisse dévoiler les mystères de sa grâce et de son élégance.

LÆTITIA BOULIN-NÉEL

LE MYTHE À L'ÉTAT PUR

LE PUR-SANG ARABE

INCONTOURNABLE, INÉVITABLE, INIMITABLE !

Cheval magique tant il est pur, aérien et léger ; cheval mythique tant son histoire se perd dans la mémoire des hommes, aux confins de la Préhistoire et de l'Antiquité. Cheval du désert résistant à toutes les privations et à tous les climats pour les uns, cheval de Barbie pour les autres, bichonné, toiletté et fragilisé au point de devenir plus précieux que la délicate porcelaine de Limoges. Décidément, le pur-sang arabe réussit l'exploit de pouvoir s'adapter à tous les goûts et toutes les couleurs.

Une histoire sacrée qui oscille entre le Coran et la Bible

Pendant longtemps, il fut coutume de dire que le cheval était absent de la péninsule arabique jusqu'au VIIe siècle de notre ère, période à laquelle le prophète Mahomet aurait alors équipé son peuple de formidables chevaux arabes qui devaient le porter tout au long de ses conquêtes à venir. Selon cette croyance populaire, au moment de l'Hégire, Mahomet aurait même fait envoyer à la Mecque cinq juments arabes en signe de victoire, en péninsule arabique, de la prophétie qui devait donner naissance à l'Islam.

Tout à l'honneur des conquérants islamiques, mais entièrement inspirée des mythes et légendes qui s'emparent de l'histoire, cette pieuse version s'est vue remise en question quand des historiens et archéologues ont pu prouver, par la découverte d'ossements, la présence d'un cheval dans le désert arabique voici plus de 5 000 ans ! Et sa conformation quoique de taille bien plus petite, s'apparenterait à s'y tromper à celle de l'Arabe moderne…

Pourtant, pour appuyer de telles recherches rationnelles, le savant n'a d'autre choix que de se replonger dans la Bible… Les restes de ce cheval précieux et encore unique prouveraient son appartenance à une lignée issue de sept lignées que le premier roi d'Israël, Salomon (973-930 av. J.-C.), fils de David, avait lui-même sélectionnées parmi les cinquante mille chevaux qu'il possédait !

Retour aux sources bibliques oblige, certains n'hésitent pas à remonter jusqu'aux temps immémoriaux, au lendemain du Déluge. En effet, l'arrière-petit-fils de Noé, Bax, aurait capturé puis domestiqué dans le désert du Yémen une première jument qui aurait été saillie par l'étalon Hoshaba. D'autres encore préfèrent attribuer la domestication du cheval arabe au fils d'Abraham, Ismaël, à qui Dieu aurait offert cent chevaux. Il les aurait privés d'eau pendant huit jours pour tester leur robustesse, puis les aurait relâchés. Tous se seraient noyés dans la mer pour boire, sauf une jument, qui aurait été fécondée par le seul étalon ressurgi de l'eau : Hoshaba.

L'une ou l'autre version, peu importe. Leur conclusion commune a de toute façon satisfait l'historien arabe, El Kelbi, qui, à la fin du VIIIe siècle, rédigea les généalogies des lignées qui seraient issues du poulain d'Hoshaba, que les tribus bédouines* auraient entretenues jusqu'à lui, en maintenant les diversités de morphologie.

La tradition islamique s'est emparée de l'étrange test qu'Ismaël infligea à son troupeau pour l'attribuer au Prophète Mahomet, qui, lui aussi, aurait amené ses chevaux arabes en bord de mer, après les avoir assoiffés. Seules cinq juments auraient fait demi-tour, ces cinq même que le Prophète envoya à la Mecque pour prouver sa victoire. En signe de reconnaissance, Mahomet les aurait marquées de son sceau, à l'encolure :

* Bédouins : nomades d'Arabie ou d'Afrique du Nord.

une spirale de poils, appelée « pouce du Prophète », que seuls les chevaux d'exception porteraient encore. Ces valeureuses juments seraient les fondatrices du Khamsa.

Légendes ou réalités, toutes les histoires de cheval arabe ramènent toujours à l'émergence du monde islamique. Et quoi qu'il en soit, les avis divergents finissent par se rejoindre en un point : il semblerait que ce soient les Bédouins qui initièrent Mahomet et ses contemporains arabes aux méthodes d'élevage et de sélection du cheval arabe, méthodes encore au goût du jour, près de 1 300 ans plus tard...

L'élève dépassa ses maîtres cavaliers, puisque, comprenant l'intérêt militaire de posséder de telles montures, il lui consacra une place non négligeable dans le Coran. Ainsi, investi d'une reconnaissance divine, le cheval de race pure (expression du Prophète) serait désormais respecté et bien nourri par ses cavaliers. Et, suivant une coutume pratiquée chez les Bédouins, il pourrait même continuer de dormir sous la tente des vaillants guerriers qui partirent à la conquête de l'Orient.

DES BÉDOUINS FÉMINISTES AVANT L'HEURE !

Soucieux de maintenir le sang pur du cheval du désert, les Bédouins mirent au point des techniques de reproduction qui ont favorisé la conservation des caractéristiques et des qualités de distinction des lignées, fondées sur l'importance des lignées maternelles.

Ainsi, la possession d'une jument est devenue pour eux un patrimoine inestimable. Essentielles, donc, à la pérennité de l'élevage, les juments partaient aussi à la guerre : seuls les très bons étalons reproducteurs étaient conservés, la plupart des autres étant vendus. Biens précieux, les juments faisaient l'objet de toutes les convoitises : volées pendant les guerres et leurs mises à sac, elles étaient offertes en cadeau à un Cheikh.

Des origines profanes beaucoup plus prosaïques

À l'écart des récits ancestraux hauts en couleur, il est une histoire qui s'écrit plus laborieusement, au fil des recherches archéologiques et des découvertes de textes anciens. La science historique n'est pas définitive. Elle est en perpétuel mouvement, indistinctement liée au temps. Voici donc un point rapide sur les données concrètes qui concernent le cheval arabe.
D'un point de vue zoologique strict, l'origine du cheval arabe relève d'une histoire trop complexe et trop subtile pour qu'on la résume en une seule lecture. Et même, autant l'avouer, elle relève d'un mystère certain.
En ce qui concerne la localisation de son berceau ancestral, rien n'est encore sérieusement fixé. Le climat doux et humide qui englobe la Syrie nordique, la Turquie méridionale et une partie du nord de l'Irak serait idéal au développement du cheval. Mais le sud-ouest de la péninsule arabique, constituée de verts pâturages sauvages qu'alimentent trois grands fleuves, vient contrarier cette thèse pourtant séduisante…
Quoiqu'il en soit, il est une certitude. Les peuples d'Orient avaient déjà domestiqué un cheval qui s'apparentait fort au cheval arabe et ce, 1 500 ans avant J.-C. D'ailleurs, c'est grâce à lui que les distances se réduisirent et que les peuples purent entrer en contact. Révolutionnant d'abord le monde égyptien, qui put alors rejoindre la lointaine vallée de l'Indus à la riche Mésopotamie – les hiéroglyphes en attestent –, il fit ensuite le bonheur des Hittites, des Assyriens, des Perses et des Babyloniens. Plus tard, enfin, les Grecs et les Romains succombèrent à son charme.
Pour preuve, Xénophon, vers 490 av. J.-C., écrivit à son propos : « [c'est] un animal noble qui se montre dans toute sa beauté. Il est quelque chose de si beau et si merveilleux qu'il fascine jeunes et vieux. »

Halimas Saayid

Arabe ou pur-sang ?

Dans le Coran, Mahomet évoque « le cheval de race pure». S'agit-il déjà de celui qu'on appelle aujourd'hui le pur-sang Arabe ou bien, plus sobrement, cheval arabe ? Ces deux expressions désignent-elles le même cheval ou bien correspondent-elles à deux réalités différentes ?

Il faut, pour comprendre la genèse de ces deux termes, reprendre le fil du récit là où nous l'avons laissé, au temps du Prophète et des peuples nomades d'Arabie.

Sept. Encore. Chiffre sacré, tant dans la tradition biblique que coranique. Chiffre qui demande qu'on le cite comme témoin de l'histoire, avec précaution et garde-fous. Toujours est-il qu'en tant que nomades du désert, les Bédouins arabiques vivaient en quelque centaines de tribus éparses et dispersées qui cultivaient leurs différences jusque dans l'élevage de leurs chevaux. C'est ainsi que se constituèrent, dans toute la péninsule, sept types principaux de chevaux arabes, qui plus tard se réduisirent à trois, les trois types que nous connaissons aujourd'hui : l'Arabe bédouin, le pur-sang Arabe aussi appelé l'Arabe de pure race et le cheval arabe.

• L'Arabe bédouin est le type le plus ancien. Lui-même est subdivisé en trois sous-types qui présentent des particularités propres : le Kuhaylan, puissant, endurant et résistant ; le Muniqi, connu pour son extrême rapidité et pour sa légèreté ; le Siglavy, noble et distingué.

• Le pur-sang Arabe ou Arabe de sang pur résulte d'un savant mélange de ces trois sous-types qui composent l'Arabe originel. C'est celui qui est parvenu majoritairement jusqu'à nous, s'implantant sur toute la planète et qui est réputé pour ses qualités génétiques.

• Le cheval arabe, même s'il présente, dans les grandes lignes, les caractéristiques du type Arabe pur, ne peut cacher ses influences persanes, syriennes et sans doute barbes. Il fut introduit avec le cheval barbe sur le continent européen, lors des invasions maures du VIIIe siècle. Plus tard, dès le XIIe siècle, il fut rapporté en Europe en guise de butin lors du retour des grandes croisades catholiques. C'est lui qui, tout au long de l'histoire, fut à l'origine de quantité de races occidentales.

AL KHAMSA, LA PURETÉ DES ORIGINES

La désignation Al Khamsa regroupe toutes les lignées arabes qui peuvent être descendues depuis leurs origines bédouines jusqu'à aujourd'hui, preuves à l'appui. Les chevaux Al Khamsa sont donc les seuls dont on peut prouver la pureté de leurs filiations et ils ne représenteraient que 5 % du cheptel mondial, contre 95 % de chevaux arabes dont le sang n'est pas certifié absolument pur, mais toutefois inscrit au stud-book pur-sang arabe. L'Histoire à elle seule suffit à expliquer cet écart. Plus que tous les autres, il a été mêlé aux guerres, croisades, qui firent le lien entre l'Orient et l'Occident. Il fut donc confronté aléatoirement à un métissage, qui, même très léger, restait non désiré. Aujourd'hui, on connaît beaucoup de lignées où il est démontré que le sang n'est pas totalement pur. Mais il serait impossible de tenter de limiter la pure race arabe aux seuls 5 % d'arabes Al Khamsa : sans même évoquer les enjeux économiques qu'une telle décision entraînerait, la seule expertise, suivie d'un nouvel enregistrement des chevaux « déclassés » dans un stud-book parallèle relèverait de la gageure…

Shamilah Moudjahid, élevage de la Châtaignière

UN STANDARD AVANT L'HEURE !

L'Émir Abd el-Kader aimait louer la beauté et l'harmonie des formes du valeureux cheval arabe, qui, d'après la légende bédouine qu'il rapporte, a été créé pour porter « lourd, vite et loin » et fait pour « la fuite et la poursuite ». Voici donc, selon l'Émir, la clef du mystère de la pureté des lignes de l'arabe :

- **Quatre choses longues : l'encolure, les jambes, le ventre et les hanches.**
- **Quatre choses larges : le front, la poitrine, la croupe et les membres.**
- **Quatre choses courtes : les reins, les paturons, les oreilles et la queue.**

Buveur de vent : un surnom légendaire

Ce surnom évocateur, qui porte en lui toute la chaleur sèche et aride du désert, contribue à entretenir le mythe qui auréole ce cheval si pur. Ainsi, il a même intégré certaines versions du standard de la race. N'est-il pas dit que les naseaux du pur-sang arabe sont ouverts et bien dilatés pour boire le vent du sud ?

Révélant en une seule expression toute l'âme poétique musulmane, le surnom du cheval arabe proviendrait d'une légende bédouine qui relate comment, lors de la genèse du monde, Allah a décidé de transformer le Vent du Sud en cheval. C'est l'Émir Abd El-Kader qui la rapporte dans un écrit du XIXe siècle, adressé à son ami Daumas. « Sache donc, que parmi nous, il est notoire que Dieu créa le cheval du vent, comme il créa Adam de la glaise [...]. » Ainsi, raconte Abd El-Kader, Allah aurait dit au Vent du Sud : « Deviens chair, car je te transformerai en une nouvelle créature qui anéantira mes ennemis et qui sera le serviteur de ceux qui me sont soumis ».

Et le Vent du Sud aurait répondu : « Seigneur, que ta volonté soit faite ». Abd El-Kader continue alors son récit. « Alors Allah prit une poignée de Vent du Sud, il la condensa à la manière que lui présentait l'archange Gabriel, souffla dessus et créa un animal bai foncé. Il lui dit : "Je t'appelle Cheval, ton nom sera Arabe. Je t'ai choisi parmi tous les animaux et je ferai de ton maître ton ami. (Une autre version donne : « Tu seras le seigneur des animaux ». Ndla) Le courage sera lié aux crins de ta crinière. Tu seras aussi valeureux dans l'attaque que dans la retraite. Je t'ai donné le pouvoir de voler sans les ailes et les hommes te suivront partout où tu iras. Les riches te chevaucheront et la fortune leur sourira grâce à toi". (Une autre version donne : « Tu porteras en croupe le butin soustrait aux ennemis et je mettrai sur ton dos des hommes qui me loueront et me glorifieront ». Ndla) Ensuite Allah mit sur le cheval la marque de la gloire et du bonheur : une tache blanche au milieu du front ».

Le paradoxe napoléonien

Admirateur inconditionnel de l'espèce équine, Napoléon fut un grand promoteur du cheval arabe – et de son congénère d'Afrique du Nord, le barbe –, au point qu'il imposa l'élevage de l'Arabe en race pure, qui put alors se développer progressivement en France*.

Sans doute le Corse fut-il définitivement conquis par le charme de ces petits chevaux fins, élégants et résistants, lors de son expédition en Égypte, quand il n'était alors qu'un général, certes déjà illustre, de la toute jeune République. Lors de son voyage retour, il en fit ramener en France en nombre suffisant pour que, croisés avec des juments autochtones, ils puissent fournir les chevaux de remonte nécessaires à son armée tentaculaire. Les bases du futur Anglo-arabe étaient jetées et le berceau de race, déjà fixé : le Sud-Ouest et ses plaines qui courent le long de l'Adour, fut l'un des grands fournisseurs de chevaux de remonte et quelques années plus tard, il était tout naturel qu'il héberge les premiers vrais Anglo-arabes.

Attiser la passion de l'Empereur peut coûter cher. L'Arabe et le barbe peuvent en témoigner. L'un et l'autre payèrent un lourd tribut aux guerres napoléoniennes. Alors que l'Empire

commençait à s'effriter de part et d'autre de ses frontières, la fidèle armée s'enlisa mortellement, lors de la Campagne de Russie, dans un guet-apens formidablement – et cruellement – orchestré par le Tsar. La catastrophique retraite de Russie s'acheva dans le froid et la glace pour des milliers d'hommes et pour leurs quelques chevaux qui survivaient encore, au bord de la Bérézina. Pourtant, selon l'aide de camp de l'Empereur au bord de la déchéance, le pur-sang arabe (et sans doute le barbe, ndla) supportait mieux que les autres chevaux européens les conditions effroyables qu'ils devaient affronter. Privés de tout, poussés à l'extrême, ils parvenaient encore à fournir des efforts « surhumains ». Cette résistance à toute épreuve permit aux chevaux arabes les plus chanceux de revenir en France, de sorte que, comme l'écrit l'aide de camp, « après la campagne de Russie, presque tous les chevaux qui restaient à l'Empereur étaient arabes.(…) Beaucoup d'officiers purent retourner en France à cheval uniquement grâce à leurs arabes ».

* Le cheval arabe fut reconnu par le stud-book français dès sa création en 1833.

Standard

Type
De type médioligne (compact, par opposition au type longiligne comme l'akhal-téké, par exemple), le pur-sang arabe est fin, élégant et noble.

Hauteur
Cheval de petite taille : 1,45 à 1,56 m au garrot en moyenne

Poids
Il varie entre 350 et 450 kg.

Robe
Les robes les plus fréquentes sont l'alezan, le bai et le gris, plus rarement le noir ou le rouan.

Caractère
Loyal et attachant, courageux et très généreux, sobre et peu exigeant, résistant et endurant.

Allures
Amples et légères et surtout pas rasantes. Le pur-sang arabe pointe son sabot antérieur en avant, comme pour désigner quelque chose. Son pas est long et rapide. Son trot, à l'extension complète, est soutenu, aérien. Au trot, l'Arabe doit soutenir son dos de sorte qu'il reste à l'horizontale. Le galop est son allure. Il est facile, coulant, allongé. (La légende veut qu'il puisse soutenir le galop presque indéfiniment.)

Aptitudes
Encore trop peu utilisé dans le sport, le pur-sang arabe excelle en endurance et il est très apprécié en courses, notamment dans le sud-ouest de la France. Il fait aussi preuve d'aptitudes intéressantes à l'obstacle et en dressage. Très recherché en équitation de loisir, il s'est aussi spécialisé dans les shows (concours de modèle et allures).

Particularités
L'Arabe a joué et joue un rôle primordial dans la formation de quantités de races : à l'origine du pur-sang anglais, il a notamment largement participé à l'élaboration des races de chevaux lourds et de trait. Aujourd'hui, son sang coule dans la plupart des races de sang.
Parmi ces derniers, l'Anglo-arabe est le principal bénéficiaire de ses qualités. Les chevaux de selle et les poneys en tirent également d'immenses profits.

Tête
Distinguée, sèche, glabre et noire autour des yeux, avec une peau très fine. Profil rectiligne ou concave, front large. Oreilles courtes et fines à la base dessinant une pointe en croissant de lune. Yeux grands, ronds, expressifs et doux ; naseaux très ouverts et finement dessinés, ganaches écartées et fortement musclées. Menton petit et triangulaire. Les naseaux et les lèvres remontent jusqu'aux zygomatiques bien marqués.

Encolure
Longue et peu épaisse, souvent en col-de-cygne, avec une attache de tête fine, portée assez haut. Crinière soyeuse.

Épaule
Souvent longue, elle peut être droite ou inclinée vers l'avant.

Garrot
Relevé, fort et bien dessiné, il démontre la largeur et la puissance de la tête de l'omoplate.

Poitrail
Large, puissant, sec, musculeux, bien ouvert.

Dos
Court et compact (17 vertèbres thoraciques seulement, contre 18 pour les autres races).

Rein
Fort, court et large (5 vertèbres lombaires seulement, contre 6 pour les autres races).

Croupe
Longue et harmonieuse.

Queue
Courte, flottante, portée en panache et attachée le plus haut possible sans pour autant former un angle de croupe plat.

Fesse
Musculeuse, épaisse, même si souvent elle ne descend pas assez sur le jarret, laissant la corde de celui-ci trop longue et droite.

Membres
Articulations fortes, bien dessinées, très sèches. Membres secs, solides, avec un tour de canon maximal compris entre 18 et 20 cm. Tendons des membres antérieurs courts, sur des paturons plus ou moins longs. Membres postérieurs sous la masse pour pousser fortement sans que jamais les jarrets ne montent droit sous la queue. Sabot petit et dur.

L'améliorateur universel

Considéré à juste titre comme l'une des races les plus pures et les plus anciennes avec le barbe et l'akhal-téké, l'Arabe est indéniablement le maître incontesté de la planète. Sans rien retirer du prestige de l'akhal-téké, qui, rappelons-le, serait à l'origine sans doute de l'Arabe et assurément du pur-sang anglais, ni même de celui du barbe, qui discrètement, mais sûrement a fondé quantité de races, seul (chevaux ibériques), ou en association avec l'Arabe, force est de constater que l'Arabe affiche une omniprésence mondiale que les deux autres ne peuvent concurrencer.

Cette suprématie planétaire peut s'expliquer par sa force génétique inégalée. Quelle que soit la race à laquelle il est croisé, il transmet fidèlement, systématiquement, ses qualités à sa descendance, gommant, en quelques générations seulement, les défauts que l'on voulait voir disparaître. Le voilà donc améliorateur de race universel, puisque, du poney au cheval de trait, il semble qu'en dehors de quelques rarissimes exceptions, chevaux ibériques en tête, il ait procédé à la formation de toutes les races occidentales et américaines et par extension, à toutes les races de chevaux de sport du monde. Pour ne citer qu'eux, l'illustre pur-sang anglais et le valeureux Anglo-arabe (français) lui sont redevables d'une forte contribution.

De l'endurance au show, du marathonien à la poupée Barbie

Endurant, résistant, le pur-sang arabe grandit depuis des millénaires, le jour, sous le soleil brûlant de l'Orient et la nuit, sous son ciel étoilé et glacial. Sobre et généreux, il fait preuve, malgré ses lignes fines et élégantes, d'une robustesse légendaire. Énergique, sensible, généreux, il est l'un des coursiers les plus rapides du monde. Cheval du désert inépuisable et cheval de guerre increvable, le pur-sang arabe a fait un saut dans le XXe siècle en entrant de plain-pied dans le monde du sport et particulièrement dans celui des courses d'endurance.

Pourtant, il peut divulguer aujourd'hui une image de fragilité et de vulnérabilité qui ne lui ressemble absolument pas, mais qui résulte d'un marché qui fut, pendant des décennies, extrêmement juteux : le show.

Issu des concours de modèle et allures que chaque association de race, un tant soit peu structurée, cherche à organiser, le show aurait pu être la panacée, l'aboutissement logique des concours d'élevage. Il a pris un tout autre chemin qui l'a conduit aux États-Unis. Là-bas, il s'est américanisé auprès de races dénaturées par l'homme, comme le Tennesse Walker, pour revenir sur le Vieux Continent sous la forme d'un concours de beauté, où, américanisation oblige, tout – ou presque – est toléré. Maquillage, collyre dilatateur, épilation, vernis pour la mise en beauté… Sac plastique et claquements de pieds dans les tribunes pour que, devant les juges, l'arabe affiche son brio. Rentré au box, il est couvert d'épaisses couvertures, qui lui couvrent tout le corps, de la pointe des naseaux jusqu'au bout de la queue et ce, même par temps tiède. Comme pour chercher à effacer définitivement de son souvenir les nuits gelées de son regretté désert…

Aguirre étalon Shagya, par Eternit
pur-sang arabe polonais, haras de la Crouzière >

CRÉÉ DE TOUTES PIÈCES

LE SHAGYA

COUSIN GERMAIN DU PUR-SANG ARABE, LE SHAGYA FAIT PARTIE DES RACES ENCORE MÉCONNUES EN FRANCE ET MÉRITE POURTANT QU'ON S'Y ARRÊTE LE TEMPS D'UN CHAPITRE.

Cheval prestigieux du XIXe siècle, il est à la fois le cheval de guerre des armées de l'Empire austro-hongrois et le cheval de parade de la cour de Vienne. Reconnu par les Haras nationaux français depuis 1989 en tant que race étrangère de chevaux de selle, il tient son nom du célèbre étalon arabe, Shagya, né en Syrie et importé en Autriche-Hongrie en 1836, qui est l'un des chefs de ligne de la race.

Créé de toutes pièces à la fin du XVIIIe siècle pour répondre aux besoins pantagruéliques du géant empire austro-hongrois, il doit sa naissance à l'empereur Joseph II.
Fondant en 1789 le haras de Babolna, l'empereur lança un programme de sélection visant à obtenir un cheval arabe de forte constitution, destiné d'une part à la remonte de ses armées, qui, grandes consommatrices de chevaux, en manquaient toujours plus ; et d'autre part à améliorer la qualité d'un cheptel d'origine orientale, souvent médiocre dans nombreuses régions de l'Empire. Un programme d'une telle ampleur ne pouvait se satisfaire de la mise à disposition de quelques étalons arabes. Il fallait créer une nouvelle jumenterie, nombreuse et de qualité.

Aussi, les meilleures juments de l'Empire furent-elles sélectionnées pour constituer la souche maternelle de cette race naissante. Toutes avaient une forte proportion de sang arabe, héritée des invasions turques des XVI et XVIIe siècles, mais toutes répondaient aux nouveaux critères de sélection : elles présentaient une morphologie avec de la taille et du cadre, une forte ossature et une musculature développée. Ces juments autochtones furent saillies par des étalons pur-sang arabe. Les premiers, tels L'Ardent, Pyrrhs, Thibon, Ulllisont, furent capturés pendant les guerres napoléoniennes. Moustapha provenait, lui, du haras de Rosières aux Salines, en Lorraine. Dès 1916, il fut envoyé au Moyen-Orient des missions d'importation, chargées de ramener des étalons (et parfois des juments) de qualité, de surcroît dotés d'une grande force génétique. Ainsi, n'étaient habilités à la reproduction que les seuls étalons capables de transmettre les caractéristiques pour lesquelles ils avaient été sélectionnés. Ils devenaient alors chefs de ligne, donnant leur nom à la lignée. Parmi les étalons les plus réputés comme Dahoman, Gazal, Koheilan, Nedjari, Siglavy, O'Bajan, El Sbaa, Mersuch, le célèbre Shagya joua un rôle tout particulier. Importé de Syrie en 1836, l'étalon gris fut considéré comme le meilleur reproducteur, tant sur le plan qualitatif que quantitatif. Nombre de ses produits furent agréés à leurs tours étalons, formant ainsi, sur presque deux siècles d'histoire et quelque vingt générations, les bases solides d'une race nouvelle qui fut reconnue indépendante par la W.A.H.O. (Organisation mondiale du cheval arabe) en 1978. Il était donc naturel que Shagya, l'étalon gris, donne son nom à la race, nom qui fut officialisé en 1979, lors de la création de l'Association internationale de l'arabe Shagya.

LE SHAGYA EN FRANCE

Reconnu par les Haras nationaux en 1989, le Shagya comptait à l'époque à peine 25 sujets sur le sol français. Depuis, sa population s'est vue multipliée par dix. Surtout élevé dans le sud de la France, il est encore produit en nombre insuffisant par rapport à la demande croissante de cavaliers qu'il a su rallier à sa cause.

Standard

Type
Bien qu'ayant beaucoup de sang arabe, le Shagya doit se distinguer du pur-sang arabe par son type harmonieux, sa taille plus grande, son cadre plus important, sa masse musculaire plus développée et son ossature plus forte. En revanche, il doit présenter certaines caractéristiques du pur-sang arabe telles que l'expression de la tête, la forme de la croupe, les membres secs et l'aspect soyeux du poil.

Taille
Entre 1,50 m et 1,61 m. La taille souhaitée se situe dans une petite fourchette comprise entre 1,54 et 1,57 m. En dessous, il est considéré comme petit et au-delà, comme grand.

Tête
Elle doit présenter les caractéristiques du pur-sang arabe. Petite et expressive, elle ne doit pas paraître lourde. Le chanfrein peut être droit ou concave. En aucun cas, il ne doit être busqué. La taille et l'expression de son œil, la forme des naseaux et des oreilles, sont celles du pur-sang arabe. La dentition mérite une attention particulière.

Encolure
Longue, élégante et bien formée, avec une bonne projection.

Poitrail
Il doit être profond et harmonieux par rapport au cheval vu dans son ensemble. Vu de face, le poitrail doit être bien développé.

Corps
La ligne du dessus est bien marquée.

Croupe
Longue. La queue est portée haut et majestueusement (la bannière du prophète).

Les membres et les aplombs
Les articulations et les os doivent être forts et bien marqués. Le genou ne doit pas être cagneux, le jarret pas trop court ou étroit. Dans le cas d'une musculature très développée, les genoux sont un peu plus écartés que les coudes. Pour l'arrière-main, les muscles doivent s'élargir à partir du niveau de la hanche jusqu'aux jarrets. L'axe de l'antérieur ne doit pas être cassé vu de face ni vu de côté (cheval sous lui du devant ou campé du devant). Les jambes et avant-bras sont longs. Les canons courts et forts. Le tour du canon doit mesurer au moins 18 cm. Un paturon moyennement long est important pour l'élasticité des allures.

Aptitudes et utilisations
Cheval de parade de la cour impériale de Vienne et cheval de guerre de la cavalerie légère de l'empire d'Autriche-Hongrie, le Shagya a prouvé, à travers son histoire, qu'il pouvait être d'une polyvalence exemplaire. Aujourd'hui, son modèle sportif et son caractère équilibré satisfont les exigences de toutes les disciplines équestres. Apprécié pour le concours complet et l'attelage en Allemagne, il a séduit les dresseurs et cavaliers d'obstacle français. Il se distingue particulièrement en endurance, où il fait preuve d'une remarquable prédisposition. On se souviendra du fameux Out Law Persick, champion national et international parti à la retraite et à la reproduction, au Haras national d'Uzès, en tant qu'améliorateur de race.

Koheilan III - 66, par Koheilan III, haras de la Crouzière

Azanja, par Daikir, poulinière du haras de la Crouzière

L'étalon Arabe-barbe, Ben Ouassal de l'élevage Babin >

LA MODESTIE RÉCOMPENSÉE

LE BARBE

DANS L'OMBRE DU PUR-SANG ARABE, LE CHEVAL BARBE SE FERAIT PRESQUE OUBLIER TANT IL EST DISCRET ET MODESTE

Beaucoup moins flamboyant et exubérant que son voisin princier, le noble barbe séduit par la délicatesse de son caractère, trempé d'une endurance et d'une résistance légendaires.

Comptant parmi les plus anciennes races du monde, le cheval barbe puiserait vraisemblablement ses origines en Afrique du Nord, il y a plus de 4 000 ans. Des ossements d'équidés ont été trouvés dans des gisements situés dans l'actuelle Algérie, où, d'autre part, on a découvert, voici peu, des peintures rupestres représentant des chevaux.
Les auteurs romains confirmaient sa présence voici quelque

2 000 ans et le signalaient sous le nom de cheval de Barbarie. Ainsi, Strabon (58 av. J.-C., 25 apr. J.-C.) rapporte dans ses écrits que les cavaliers numides montaient leurs chevaux avec une seule cordelette autour de l'encolure ! D'ailleurs, les empereurs n'hésitèrent pas à se servir de ces guerriers et de leurs extraordinaires chevaux qu'ils avaient fait venir du royaume de Carthage pour qu'ils constituent une partie de la cavalerie envoyée en Gaule afin de la conquérir.
Associé depuis toujours à la vie des nomades d'Afrique du Nord (Lybie, Tunisie, Algérie, Maroc), il profita des conquêtes maures pour quitter son berceau d'origine et s'implanter en Espagne, en Italie, puis en France.
Les rois de France, Louis XIII et XIV particulièrement, ainsi que les célèbres écuyers des grands siècles (Pluvinel, la Guérinière) vantaient ses mérites. Ils intégrèrent les Haras royaux (devenus à la Révolution française les Haras nationaux) dès leur fondation, que l'on doit au Roi Soleil et à son ministre Colbert.
Tristement connu pour avoir servi les armées de l'empereur, le barbe séduisit aussi Napoléon, qui fut l'un de ses plus fervents admirateurs. Plus tard, les régiments de Spahis français étaient pourvus exclusivement de chevaux barbes.
Après l'indépendance de l'Algérie en 1962, le stud-book du cheval barbe en France fut supprimé sans autre forme de procès. Les meilleures juments, qui démontraient de grandes aptitudes pour les disciplines sportives, furent alors inscrites

au stud-book du selle français, soit à titre initial, soit comme "facteur de selle français". Complètement délaissé, le barbe n'intéressait plus que les maquignons du sud de la France, qui les importaient d'Afrique pour fournir les centres de randonnées ou les abattoirs et boucheries. Le docteur vétérinaire Jean Devaux, ancien Spahi nostalgique, entouré de quelques passionnés, parvint à reconstituer un livre généalogique du cheval barbe en France. Réunis en association, l'Association française du Cheval barbe (AFCB), ils finirent par obtenir, en 1989, auprès des Haras nationaux, la réouverture du stud-book du cheval barbe en France. Ils contribuèrent également à la création de l'Organisation mondiale du Cheval barbe (OMCB). Comme le cheval arabe, le barbe a contribué à la formation de presque toutes les races européennes. Mais à la différence de son prestigieux voisin, lui peut se vanter d'être aux origines très lointaines des chevaux ibériques.

L'ARABE-BARBE

Le croisement entre le cheval barbe et le pur-sang arabe a donné naissance à une race reconnue appelée Arabe-barbe, dont le stud-book dépend de celui du barbe. Comme lui, l'Arabe-barbe possède un mental tout à fait exceptionnel, qui peut s'avérer à la fois calme et explosif : d'une énergie légendaire, l'Arabe-barbe reste toujours contrôlable. Si la morphologie idéale du barbe est précisée dans un standard bien précis, celle de l'Arabe-barbe ne peut l'être, puisqu'elle est fonction du pourcentage de sang arabe que comporte chaque individu.

Ghani, par Ben Ouassal et Aroussa, élevage Babin

Standard

Type

On distingue trois types de barbe : Le barbe des plaines littorales riches ; Le barbe des montagnes ; Le barbe des hauts plateaux et de la limite nord du Sahara.

Robe

Les robes les plus fréquentes sont : Le gris et l'alezan en Tunisie ; Le gris en Algérie ; Le gris et bai au Maroc ; Toutes les variantes de ces robes sont acceptées.

Morphologie

Le barbe présente une morphologie de cheval porteur et robuste : une encolure forte, un dos court parfois tranchant, une croupe "en pupitre". Les canons sont courts. Ses sabots sont plutôt petits, cylindriques et durs.

Caractère

Pas toujours très élégant, il est toujours efficace et agréable tant à monter qu'à soigner. Intelligent, il comprend et retient très vite ce qu'on lui demande. Lymphatique et même froid quand il est au repos, il bouillonne dès qu'on le sollicite.

Aptitude et utilisations

Robuste, endurant, rustique, sobre et frugal, le barbe résiste aux variations climatiques, même les plus extrêmes. Cheval d'extérieur et de loisir par excellence, il est la monture toute trouvée pour le tourisme équestre et l'endurance, qui demandent les mêmes qualités sportives qu'anciennement les raids et campagnes militaires. Cheval sportif polyvalent, il couvre aisément un large éventail de disciplines équestres. (Dressage, obstacle, endurance, attelage, TREC…)
Ses étonnantes capacités d'apprentissage en font un cheval de spectacle tout désigné.

Dans tout le Maghreb, en ville comme à la campagne, il est utilisé à l'obstacle et en attelage. Cette dernière utilisation gagnerait à être pratiquée en France.

Fantasia marocaine

Kessedag, 5 ans, par Dialog, né à Tchagorta en République de Kalmykie, élevage Buès.
L'un des plus beaux spécimens de robe dorée du monde >

LE RETOUR À LA SOURCE

L'AKHAL-TÉKÉ

SON SEUL NOM ÉVOQUE L'EXOTISME DES PAYS LOINTAINS ET DES STEPPES ORIENTALES QUE BORDENT LA MER D'ARAL ET LA MER CASPIENNE.

En plein cœur du Moyen-Orient, aux frontières de l'Iran, de l'Ouzbékistan et du Kazakhstan, le Turkménistan connaît le privilège d'élever en ses terres, depuis la nuit des temps, la race la plus pure qui soit.

Le cheval akhal-téké, en effet, n'aurait subi aucune influence depuis 2 500 ans ! Ce cheval rare tient son nom composé de l'oasis Akhal et de la tribu Téké qui y demeurait et descendrait de la race turcomane aujourd'hui disparue.

Cet enfant des steppes – surnom qui lui est attribué au Turkménistan – sans peur et sans reproche, fut le fidèle compagnon des plus grands chefs guerriers de l'ancienne histoire. Immortalisé à travers Bucéphale, le légendaire cheval d'Alexandre le Grand, l'akhal-Téké fut aussi la monture de l'empereur perse Darius le Grand, du Turkmène Genghis Khan et de son rival Dzhelalet-din et des seigneurs de Mongolie et de Turquie qui n'hésitaient pas à lui attribuer, lors de leurs campagnes militaires, le titre divin de « cheval de Dieu, cheval du Paradis ».

La pureté légendaire de ses origines et de ses lignées lui a valu de partager, avec le pur-sang arabe dont il serait sans doute à l'origine, le haut de la prestigieuse affiche de l'histoire des races occidentales. Importé en Grande-Bretagne au XVIIe siècle, il contribua notamment à la naissance et l'élaboration du célèbre pur-sang anglais.

Son rôle d'améliorateur n'a depuis, jamais pris fin. Les Indiens Nez-Percés l'utilisent aujourd'hui en croisement avec des appaloosas pour tenter de recréer le véritable petit cheval tacheté de leurs ancêtres, avant qu'il ne fût croisé avec des chevaux plus trapus que montaient les pionniers, cow-boys et autres régiments de Cavalerie.

LA POPULATION MONDIALE
(CHIFFRE 2001)

Le recensement du cheptel akhal-téké relève d'une terrible gageure, notamment en raison des problèmes économiques que connaissent les républiques émergentes de l'ancien bloc soviétique. Quoi qu'il en soit, on dénombre aujourd'hui entre 2 500 et 3 000 sujets dans le monde entier dont :

- 1000 en Russie
- 500 à 800 au Turkménistan, Ouzbékistan, Kazakhstan, Azerbaïdjan
- 500 en Europe, soit
  - 250 en Allemagne
  - 150 en France
  - 100 en Suisse
- Les 50 derniers étant dispersés en Italie, Grèce, Espagne et Grande-Bretagne
- 200 aux États-Unis et quelques dizaines en Australie et Canada

Une endurance à toute épreuve

Son endurance légendaire et son opiniâtreté lui ont valu une réputation totalement usurpée, construite sur de faux préjugés. Longtemps taxé d'ombrageux et de caractériel, ce cheval pourtant si proche de l'homme et désireux de bien faire a souffert, tout au long de son histoire, de traitements rugueux, parfois brutaux et pas toujours respectueux qui l'ont contraint à se défendre en répondant avec virulence. Sensible et fin, l'akhal-téké est un pur-sang exigeant, prêt à offrir toute sa générosité si on lui parle avec délicatesse et courtoisie. Noblesse oblige !

Les aléas et chaos de son histoire lui ont légué en héritage une capacité d'adaptation exemplaire et une polyvalence enviable. En partageant pendant des millénaires la vie des hommes au quotidien, il a été habitué à parcourir les interminables distances des steppes dans les conditions les plus difficiles, se faisant tour à tour cheval de guerre, cheval de course, cheval de ferme, cheval de parade…

Aujourd'hui, il conclut en beauté, puisqu'il est considéré comme le meilleur cheval de sport de toute l'ex-URSS toutes disciplines confondues, sa vocation première étant indéniablement l'endurance.

Deux juments de l'élevage Buès : Partchagozel, 8 ans, par Gaiguicyz (par Posman), née à Stavropol en Russie du Sud ;
page de gauche en bas, Garmala, 9 ans, née à Lugovoï, Kazakhstan.

TYPE

Type

Les mensurations moyennes s'établissent ainsi (en centimètres)

	Mâles	Femelles
Hauteur au garrot	159	157
Longueur du tronc	160	158
Tour de poitrine	176	178
Circonférence du canon	19,5	19,0

Publié par L'institut Russe du Cheval (le VNIIK)

Standard

Caractère

Intelligent et fin, il apprend vite et se montre très sensible au comportement de l'homme à son égard.

Allures

Amples, souples, élastiques, avec beaucoup d'impulsion et toutes confortables pour le cavalier. Les akhal-téké se caractérisent par un saut très technique, puissant et tendu.

Aptitudes

Cheval très puissant, rapide, souple, endurant et doué d'une résistance légendaire, il est capable d'une récupération très rapide après l'effort.

Utilisation

Traditionnellement utilisé sur les hippodromes en courses de plat qui constituent un moyen essentiel de sélection, l'akhal-téké est polyvalent et excelle dans les différentes disciplines équestres, en particulier le dressage, le saut d'obstacle, le concours complet, le steeple-chase et l'endurance.

Particularité

Par son aspect extérieur, le cheval akhal-téké ne ressemble à aucune autre race équine existante.

Robe

Il existe une très grande variété de robes, présentant souvent une nuance métallique caractéristique, dorée ou argentée. Aujourd'hui, les robes les plus répandues sont : bai foncé et bai clair, isabelle foncé et isabelle clair, noire, alezan et toutes les nuances d'alezan. Les plus rares sont les robes grises, palomino clair et foncé, crème

Poils et crins

La peau est très fine, les poils sont fins et soyeux ; la crinière est peu développée, la queue n'a souvent presque pas de crins à sa base ; le toupet et les fanons sont souvent absents.

Musculature

Plate et dense.

Tête

Légère, sèche avec de larges ganaches. Le profil est droit ou bombé, le chanfrein est long, le front est large, les yeux sont grands et d'une forme « téké » en amande. Les oreilles sont fines et longues, très mobiles, implantées très haut. Les narines et les lèvres sont fines, la nuque est longue et large. La tête forme avec l'encolure un angle aigu (un peu plus de 45°).

Encolure

Haute, longue, ronde, souple, droite ou en forme de S renversé.

Garrot

Saillant, long, bien musclé et très prononcé. L'omoplate est longue, oblique, bien musclée.

Poitrail

Le poitrail est profond, de forme ovale avec de fausses côtes longues.

Dos

Le dos et le rein sont relativement larges, un peu trop longs parfois.

Croupe

Large, longue, très puissante, la cuisse est longue et très bien musclée.

Membres

Secs et longs, avec des articulations bien développées ainsi que des tendons solides. Les sabots sont de petite taille avec une corne très dure. Les membres sont parallèles les uns par rapport aux autres.

UN CHEVAL
SANS PRIX

Traditionnellement, l'akhal-téké ne se vend pas, il s'offre. Il s'offre en signe d'allégeance, de respect, d'amitié envers un général, un président, un gouverneur. D'ailleurs, le président du Turkménistan, monsieur Niazov, n'avait-il pas offert le fameux étalon Gendjim au président français François Mitterand en signe de bonne entente ?

L'ouverture des marchés de l'ex-URSS au monde occidental s'est accompagnée d'une nécessaire mise à prix de ces chevaux à la valeur inestimable. Et l'engouement des Américains pour cette race si rare a contribué à faire grimper les prix plus que de raison. Ainsi, un poulain au sevrage se négocie sur place entre 3 et 10 000 dollars, sachant qu'il faut compter environ 4 000 dollars supplémentaires de frais de douane et de transport pour le rapatrier en Europe. Et les prix s'envolent si le modèle est particulièrement conforme aux standards de sa race. Un étalon d'exception peut se négocier entre 150 à 200 000 dollars !

Pompéi, 4 ans, par Posalak et Partchagozel, né à Penza au sud de Moscou, élevage Buès, présente un modèle parfait

Aïshat, livre Kaylan, par Ashug et Partchagozel, née à Penza au sud de Moscou, élevage Buès (liberté dans la carrière).

Particularités

Sa robe dorée

Seuls 15% des chevaux arborent une robe dorée ou argentée. Ces nuances métalliques se portent aléatoirement sur les robes isabelle, palomino, crème et bai. Elle est une caractéristique génétique de la robe que l'on ne connaît que chez l'akhal-téké. Elle doit être reconnue par le stud-book, lors de l'enregistrement du cheval.

Ses yeux en amande

Là encore, cette particularité n'est pas obligatoire. En revanche, il est la preuve de l'appartenance à l'une des quelques lignées très prestigieuses, qui transmet génétiquement ces yeux effilés en forme d'amande.

Ses oreilles pointues qui se touchent presque

Longues et fines, elles sont implantées tellement haut sur le crâne qu'on dirait qu'elles vont se toucher quand elles sont bien pointées.

Sa morphologie

Son corps longiligne, souvent levretté, son encolure attachée haut, souvent en forme de S et sa tête portée haut sont autant de caractéristiques morphologiques obligatoires qui signent là la marque de fabrication akhal-téké et ce, quelque soit la lignée.

DES ROBES VARIÉES

Toutes les couleurs sont admises sauf le pie. C'est le bai qui l'emporte haut la main puisque 41 % des akhal-téké sont bai. Vient ensuite l'isabelle qu'arborent 21 % des sujets, puis le noir et ses 13% de fidèles. L'alezan ne fait que 11 % d'adeptes, le gris, 6 %. Quant aux robes palomino et crème, elles sont distribuées avec parcimonie : 5 % aux premiers et 2,3 % aux seconds.

Les meilleurs haras

On peut toujours rêver et se rendre, au gré de ses voyages, en Russie. Pourquoi ne pas alors, se laisser tenter par le charme de l'aventure et aller visiter les plus beaux élevages d'akhal-téké ?
Incontournables sont les haras privés de Stavropol, propriété d'Alexandre Klimuk, qui voit naître quelque cinquante poulains par an et de Shael, situé, lui, près de Moscou et appartenant à Leonid Babaiev, qui lui totalise une vingtaine de naissances.
D'autres villes hébergent des haras tout aussi prestigieux : Tchagorta, dans la petite république de Kahnuykie, Daguestan, Krasnovar, ou bien aussi Penza. Tous ces hauts lieux d'élevage sont localisés dans ou près du berceau de race de l'akhal-téké, au sud de la Russie. Pour ne pas rester en reste, le nord de ce gigantesque pays-continent s'est trouvé récemment de fortes affinités avec la race au point que Saint-Pétersbourg la magnifique compte désormais un haras capable de narguer ses lointains congénères méridionaux.
Quant au Kazakhstan et au Turkménistan, berceaux véritables de race de l'akhal-téké, la situation y est très chaotique depuis l'écroulement de l'URSS. Dans la première république, le haras national de Lagovoï qui totalisait quelque 400 akhal-téké et près de cinquante naissances par an s'est vu complètement dilapidé. Tous les chevaux ont été disséminés un peu partout, on ne sait trop où…
Au Turkménistan, c'est le haras du président de la République qui affiche non seulement les effectifs les plus importants, mais aussi les plus beaux sujets. Et pour cause ! C'est un honneur obligatoire que d'offrir au président Niazov tous les akhal-téké vainqueurs en courses et primés en concours de modèles et allures !

LA MAAK, UN ORGANIGRAMME COMPLEXE

Le stud-book mondial du cheval akhal-téké est géré par une association, la MAAK : Association internationale de l'élevage de chevaux akhal-téké. Depuis l'éclatement de l'URSS, la MAAK dépend de deux pays, la Russie et le Turkménistan, ce dernier n'intervenant au sein de la MAAK que pour ses intérêts nationaux, en la personne du président de la République turkmène, le président Niagov. Aussi, c'est à la Russie qu'incombe la gestion mondiale de la race, une Russie qui bénéficie tant bien que mal des structures étatiques hyper structurées de l'ancien régime communiste. Ainsi, la MAAK, secondée par le ministère russe de l'Agriculture, a délégué le CSE (Centre russe de sélection et d'élevage) et à travers lui le VNIIK (Institut russe du cheval) pour gérer le stud-book international, remis entre les mains d'une seule et même personne, Tatiana Nicolaivna Riabova, qui fait loi dans le monde entier. Secondée admirablement par Nadia Viktorovma Abramova, l'irremplaçable Tatiana Riabova aurait déjà dû se retirer, mais le VNIIK ne sait qui pourrait prendre sa suite, tant ses connaissances sur la race et les lignées sont quasi abyssales !

Le port de l'aladja : une tradition et chamanisme

Au Turkémnistan et en Russie du Sud, l'aladja (en turkmène « at chaïi », qui signifie décoration du cheval) est une sorte de foulard ornemental que les chevaux akhal-téké portent nuit et jour autour de leur encolure en guise de talisman qui protège le cheval des mauvais esprits. Tressé avec des fils de soie et de la laine de chameau, il est fabriqué par les femmes turkmènes, presque toutes expertes en la matière, qui récitent des incantations magiques pour qu'il soit doté de la puissance et la force. Arrangé en un lacet ou un collier, il peut contenir un petit sac tenu par une ficelle, qui renferme une sourate du Coran chargée de placer le cheval sous la protection d'Allah.

Relevant aujourd'hui tant des habitudes paysannes turkmènes que d'un certain chamanisme, l'aladja connaît une version bien plus luxueuse héritée en ligne droite des traditions guerrières de ce peuple. En effet, il consistait à l'origine en une armure qui cuirassait le cou, la tête et la poitrine et ses parures importaient bien moins que son rôle protecteur. Puis au fil des siècles, alors qu'elle déviait vers des utilisations et coutumes plus festives, l'armure s'est enrichie de décorations et dorures jusqu'à devenir le symbole et le reflet de la puissance du propriétaire du cheval.
Réalisée alors par des artisans-joailliers qui créaient à base d'une ceinture de cuir de véritables petits bijoux sertis de rivets et plaques d'argent, cette armure fut progressivement rehaussée d'or et incrustée de pierres semi-précieuses, dont chacune revêtait un sens particulier.
Sérieusement menacée, la fabrication de ces armures traditionnelles s'est vue renaître dans les années 80 grâce à un ingénieur physicien de formation, Murat Sakhatov, qui choisit de revenir à cet artisanat rare. Une armure complète et riche pèse entre 3 et 4 kilos, dont 1,5 à 2 kilos d'argent et elle reste plus que jamais une parure riche incontestablement réservée aux plus privilégiés.

DEUX RACES PRESTIGIEUSES
POUR UNE SEULE HISTOIRE

LES CHEVAUX IBÉRIQUES

LES UNS NE JURENT QUE PAR LE CHEVAL DE PURE RACE ESPAGNOLE. LES AUTRES L'IGNORENT ROYALEMENT, PUISQU'À LEURS YEUX, SEUL LE PUR-SANG LUSITANIEN N'A D'INTÉRÊT.

Le combat fait rage. Et la sacro-sainte guerre que se livrent les aficionados des chevaux espagnols d'une part et les fondus du pur-sang Lusitanien de l'autre, perdure depuis des décennies…

Pourtant, chevaux de grand prestige et de rare noblesse l'un et l'autre, ils n'ont rien à envier l'un à l'autre. Cheval de parade et de panache côté Andalousie, cheval de guerre, de corrida et de travail côté Portugal, tous deux se rejoignent en un point : ils sont incontestablement, indéniablement, les meilleurs chevaux de haute école du monde. Un point partout, la balle au centre ! L'armistice peut sonner la fin des hostilités, ou plus exactement des querelles de clocher. Car à y regarder de plus près, si l'une et l'autre des deux races ibériques mettent aujourd'hui un point d'honneur à afficher fièrement leurs différences, force est de reconnaître que pendant des millénaires, elles se sont partagé une histoire commune.

Templado, par Perdigon et Lequina CN, complice de Frédéric Pignon depuis 14 ans et star de l'élevage Delgado >

Des origines communes

Les origines du cheval ibérique se perdent dans la nuit des temps. Certains chercheurs attestent de son existence depuis le Paléolithique, il y a quelque 6 000 ans. D'autres historiens affirment trouver ses traces sous la Haute Antiquité, au Xe et même au XIIe siècle avant Jésus-Christ, voici 3 000 ans. Quoi qu'il en soit, tous les savants et experts s'accordent à dire qu'il est sans conteste le plus vieux cheval de selle du monde. Preuve en est l'admiration qu'il provoquait chez les Grecs et les Romains il y a plus de 2 000 ans, qui le reconnaissaient comme le meilleur cheval de selle de leur époque et célébraient déjà son efficacité et son courage.

Mais que l'on ne s'y trompe pas. Même si le nord de la péninsule était déjà peuplée de petits chevaux (que l'on classerait parmi les poneys, de nos jours) d'origine celte, il est plus que probable que lorsque les anciens évoquaient le cheval ibérique, ils parlaient de ce cheval élevé par les Ibères dans des régions méridionales de la péninsule et qui avait probablement subi, dans des temps reculés, des influences barbes.
L'histoire de la péninsule ibérique ne peut se raconter sans faire mention des inépuisables invasions dont elle fut la proie. Après les Ibères et les Celtes, ce furent tour à tour les Phéniciens, les Grecs, les Carthaginois, les Romains pendant l'Antiquité, puis les Goths sous le Haut Moyen Âge et enfin les Maures au VIIIe siècle, qui tentèrent de dominer le pays. Les seuls qui y parvinrent durablement furent les derniers. Mais les écrits qui relatent les combats féroces qui furent livrés entre envahisseurs successifs et population indigène sont tous unanimes : les cavaliers ibères démontraient une habileté hors du commun et leurs chevaux une agilité et un courage des plus enviables. Les qualités combinées des uns et des autres leur permirent d'élaborer une équitation très particulière, pratiquée sur des étriers courts et dénommée « a la Ginette », ou, en langage francisé, à la Genette – d'où l'autre nom du cheval ibérique, appelé également Genet d'Espagne. Cette équitation exigeait une souplesse, une mobilité et une réactivité exceptionnelles de la part du cheval, qui devait pouvoir effectuer des départs au galop depuis l'arrêt, des pirouettes sur place, des arrêts depuis le galop lancé…
L'équitation à la gineta se pratique encore de nos jours, dans une tout autre version : l'équitation tauromachique et son pendant, l'équitation de travail.
Étant donné les nombreux envahisseurs qui s'installèrent en péninsule ibérique et étant donnée aussi la très longue période pendant laquelle les Arabes s'implantèrent, particulièrement dans le Sud, il peut sembler très surprenant que le cheval ibérique soit demeuré quasiment intact et similaire à son modèle antique.
Pourtant, il est une certitude aujourd'hui clairement établie : le cheval ibérique ne peut être comparé au pur-sang arabe et il n'est en aucun cas l'un de ses descendants, l'un et l'autre étant totalement opposés tant dans leur modèle que dans

Preuve d'un passé commun, Guizo (élevage Delgado) est plein papier pur-sang lusitanien
et pourtant son modèle se rapproche du P.R.E

leurs allures et leurs aptitudes. Et si croisements il y a eu lors de la présence des Maures sur le continent européen, c'est uniquement avec des chevaux barbes. (Les Maures étant de souche berbère, ils avaient pour monture des chevaux barbes, dont le cheptel importé en péninsule ibérique s'avère très restreint, puisqu'il semble que les Maures aient constitué leur cavalerie avec des chevaux ibériques qu'ils capturèrent dès les premières batailles.)

Plus tard, le cheval ibérique dut se mélanger à des chevaux germaniques et normands importés dans la péninsule, via la Cour de Madrid. Par chance, au sud de la péninsule, la race fut, une fois encore, maintenue intacte, grâce à la bienveillance de certains éleveurs et notamment grâce aux moines Chartreux de Jerez, les Cartujanos. Aujourd'hui, les souches principales qui composent les élevages actuels tant espagnols que portugais remontent pour la plupart à ces chevaux de

Ci-contre, magnifique cobra de juments portugaises au Festival de Lisbonne

sang très pur, qui portent le nom de leurs éleveurs religieux : chartreux ou cartujanos.

On pourrait croire que les siècles suivants lui furent consacrés, tant il est présent sur tous les fronts, dans tous les livres, dans toutes les conversations. Cheval de guerre avant tout, il excelle désormais en Haute École, fondée pourtant loin de chez lui, à Naples et dans la toute récente tauromachie. De la fin du XVe siècle jusqu'à la fin du XVIIIe, dans toute l'Europe renaissante, puis baroque et enfin classique, il influença les lettres et les arts et marqua de ses fers quantité de races locales sous le nom de Genet d'Espagne. Après avoir permis la formation des toutes premières académies équestres en Italie, grâce à des écuyers tels que Gisone ou Fiaschi, il arriva dans le Royaume de France au XVIe siècle, lequel divulgua ensuite, à toutes les cours d'Europe, ce nouvel « art du Manège ».

Jusqu'à la Révolution française, il fut l'emblème idéal de la Haute École. Combien d'ouvrages vantèrent ses qualités ? Comment ne pas citer des Pluvinel, La Broue, La Guérinière..., mais aussi des Diderot, d'Alembert en France, Newcastle et Berenger en Angleterre, Ferrare en Italie..., sans faire référence au cheval ibérique qui inspira tous ces grands maîtres, princes écuyers et auteurs de grands traités sur l'équitation ?

tête de pure race espagnole en filet traditionnel

la course et le saut d'obstacle reléguèrent le cheval ibérique du premier plan au second, puis au dernier. À la fin du XIXe siècle, plus personne en Europe ne se rappelait de lui à l'exception de quelques éleveurs espagnols et portugais, qui, par leur ténacité et leur témérité, sauvèrent la race pour en faire ce que l'on connaît aujourd'hui : l'éblouissant pur-sang lusitanien au sud-ouest de la péninsule et le flamboyant pure race espagnole au Sud.

QUAND LES CHEMINS SE SÉPARENT

La grande histoire du cheval ibérique au-delà des Pyrénées ne doit pas gommer les particularismes locaux qui, accumulés lentement au fil des siècles, initièrent les premières différences notables entre le cheval espagnol et son voisin lusitanien.

Remarque : Étant donné que la division officielle du cheval ibérique en deux races à part entière remonte seulement au début du XXe siècle et étant donné que les désignations pure race espagnole et pur-sang lusitanien sont très récentes, nous procèderons, par souci de commodité et de compréhension, à un escamotage pardonnable, qui consiste à nommer prématurément le cheval élevé au Portugal le lusitanien et le cheval élevé en Espagne le cheval andalou.

Influençant les hommes et leurs idées, le cheval ibérique participa également à l'élaboration de nombreuses races, parmi lesquelles le fameux lipizzan, le frison, le connemara et même le pur-sang anglais ! Et que dire de sa suprématie sur le continent américain ? De par les conquêtes espagnoles et portugaises des XVIe et XVIIe siècles, il n'est pas une race américaine, depuis le pôle Nord jusqu'à l'Antarctique, qui n'ait dans son sang, une trace de sang ibérique.
Comme pour toutes les autres races aujourd'hui appelées « baroques », les premières décennies du XIXe siècle firent sonner le glas de sa période fastueuse. En entrant en piste,

Templado, par Perdigon et Lequina CN, symbole parfait de la grâce des chevaux ibériques, élevage Delgado

Talisca, jument de 3 ans, tous deux
par Latino Coudeleria Ortigão Costa >

NOBLESSE OBLIGE

LE PUR-SANG LUSITANIEN

UNE RENAISSANCE EXEMPLAIRE

Au Portugal, après trois siècles de magnificence où il fut vénéré dans toute l'Europe, le cheval lusitanien connut un réveil difficile à l'aube du XIXe siècle

Tandis que les guerres napoléoniennes faisaient rage sur tout le continent, l'armée de l'empereur arriva jusqu'à Lisbonne. Elle s'empara, sans autre forme de procès, des quelque 600 chevaux royaux, issus du fameux élevage royal d'Alter Real, situé à l'est de Lisbonne, à la frontière espagnole. Le roi Don João IV décida alors de s'embarquer pour le Brésil et il fit venir avec lui tous les chevaux d'Alter que les soldats de l'Empire avaient bien voulu lui laisser. Le déclin du cheval lusitanien en Europe, associé aux progrès industriels du XIXe siècle auraient pu avoir raison de lui. Mais il s'accrocha tant bien que mal à son passé et parvint à survivre grâce à la passion que les gentilshommes vouaient à l'équitation et à la tourada - *corrida* portugaise à cheval. Au tournant du XXe siècle, les travaux exceptionnels de Ruy d'Andrade et Manuel Tavares Veiga et leurs descendants sauvèrent définitivement la race d'une extinction par croisements en tous genres. Tous deux férus de génétique, ils entreprirent de recréer le lusitanien à partir des lignées ibériques les plus pures qu'ils trouvèrent. Recherche des lignées et des origines, écriture de livres de généalogie, re-création de nouvelles souches… Pour parfaire ce travail de fourmi, ils s'inspirèrent de sculptures, de tableaux et d'esquisses des XVIIe et XVIIIe siècles. Le défi fut relevé et la race relancée. Depuis une trentaine d'années, le lusitanien connaît même une embellie spectaculaire, tant au Portugal que dans le reste du monde. La Haute École, qui semble renaître de ses cendres partout en Europe, n'a pas trouvé plus fidèle allié que le lusitanien moderne, doué d'une motricité et d'une fonctionnalité hors du commun. Elle doit d'ailleurs sa réhabilitation à l'un des plus grands écuyers de tous les temps, le maître portugais Nuno Oliveira, dont les préceptes sont appliqués encore aujourd'hui à l'École portugaise d'art équestre. Cet essor moderne contribua à la création du stud-book lusitanien, en 1966, qui prit le nom en 1990 de stud-book du pur-sang lusitanien. Actuellement géré par l'Association portugaise des éleveurs de pur-sang lusitanien (Associaçao Portuguesa de Criadores do Cavalo Puro-Sangue Lusitano ou APSL), il dépend du service des Haras portugais. En France, il est reconnu depuis 1989 par les Haras nationaux.

Le Festin de Lisbonne, fierté des éleveurs

La création, en 1986, du Festival international du pur-sang lusitanien à Lisbonne constitue sans doute le point d'orgue de la renaissance de la race. Se tenant chaque année au mois de juin, il a, en quinze éditions, apporté sa pierre au fier édifice lusitanien, contribuant pour beaucoup à la réputation et au prestige mondial dont il jouit.

Se tenant sur le très chic terrain de concours de Campo Grande, appartenant à la Société hippique portugaise, le Festival de Lisbonne est le rendez-vous incontournable – et très élégant – des plus grands éleveurs de pur-sang lusitanien, tant portugais qu'étrangers. Durant quatre jours, les quelque trois cents meilleurs produits d'élevage viennent se montrer et se confronter aux autres, devant des juges vigilants, soucieux avant tout d'aider à la valorisation de la race. Pendant quatre jours se succèdent quantité d'épreuves en tout genre, visant toutes à montrer d'une part les qualités esthétiques, fonctionnelles et comportementales du cheval lusitanien et d'autre part, les nombreuses facettes de l'équitation portugaise.

Épreuves de modèles et d'allures pour les juments suitées et les poulains de un, deux et trois ans, épreuves montées pour les quatre ans et pour les cinq ans et plus, épreuves d'équitation de travail, d'équitation portugaise, de dressage, de CSO… Chacune de ces épreuves se solde par une remise des prix au système pyramidal, puisqu'en guise de clôture du Festival, sont attribués deux titres prestigieux, le titre de Championne des Juments, qui récompense la meilleure jument, toutes catégories confondues et le titre de Champion des Mâles, qui récompense le meilleur mâle, toutes catégories confondues et enfin, le titre suprême de Champion des Champions.

Juste avant que soient couronnés les nouveaux rois et reines de l'année, un gala de clôture réunit les meilleurs écuyers et cavaliers portugais qui, par des carrousels, pas de deux, des airs de Haute École et tant d'autres reprises, rivalisent d'art et d'habileté pour offrir au spectateur un moment intense et rare.

Spartacus, par Xaquiro et Juno,
monté par Mirabelle Segard,
Coudeleria de Santa Margarida

SPARTACUS : L'EXCEPTION QUI CONFIRME LA RÈGLE

• Jusqu'à ce qu'il apparaisse sur les terrains de concours, aucun cheval n'avait remporté deux fois le titre tant convoité de Champion des Champions. Spartacus a chamboulé cet état de fait en s'accaparant la couronne pendant trois années de suite.

• Né en 1999 à la Coudeleria de Santa Margarida, au sud du pays, Spartacus prend tout de suite le chemin des concours d'élevage, puisqu'il court ses premières épreuves sous le ventre de sa mère. En 2000, il participe au Festival de Lisbonne et gagne sa classe d'âge : il est le meilleur poulain d'un an. La machine s'emballe alors. En 2001 et 2002, il est sacré par deux fois Champion des Champions. Jamais chose pareille ne s'était produite. Aussi, ses éleveurs et naisseurs, Luis et Piedade Pidwell, hésitent-ils longuement avant de décider de le re-présenter en 2003, alors qu'il prend quatre ans. En effet, jusqu'à trois ans, un poulain peut se montrer exceptionnel tant qu'il est présenté en main, aux modèles et allures, mais s'avérer tardif ou médiocre, à quatre ans, alors qu'il en est à sa première année de travail sous la selle, car dès lors qu'il est monté, son équilibre peut s'en trouver modifié. Finalement convaincus de l'exceptionnelle qualité de leur cheval, les Pidwell relèvent le défi. L'histoire leur a donné raison, puisque leur fidèle Spartacus a remporté, en juin 2003, son troisième et ultime titre. Il est encore trop tôt pour juger du rôle que pourra jouer un tel cheval pour la valorisation de la race hors de ses frontières. Mais il y a fort à parier qu'il sera, souhaitons-le, l'un de ses plus brillants fers de lance.

• Notons qu'en 1999, le titre suprême avait été remis à Harmonio, le superbe étalon tauromachique d'origine Veiga de la grande *rejoneadora* française, Patricia Pelen.

Ci-dessus: juments de la Coudeleria Caetano

Une race extrêmement sélective

Raio, 5 ans, étalon très prometteur de la Coudeleria de Santa Margarida

Pureté des lignes et harmonie des formes, le pur-sang lusitanien est beau. Absolument et tout simplement. Et il le sait. Cheval par excellence, le lusitanien doit tous ses superlatifs à la volonté commune de ses éleveurs d'améliorer toujours et encore la race. En effet, depuis une trentaine d'années, l'A.P.S.L. s'est donné comme principal cheval de bataille la valorisation de la race, tant au Portugal, qu'à travers toute l'Europe. Pour y parvenir, elle s'est fixée une politique d'amélioration et de sélection drastique qui repose sur plusieurs axes.

PRODUIRE DE LA QUALITÉ ET NON DE LA QUANTITÉ

Avec le succès croissant qu'il connaît, le lusitanien est aujourd'hui une denrée rare ! Très sollicités, les éleveurs ne peuvent pas fournir la demande. Mais peu importe. Les acheteurs attendront leur tour. Car il n'est pas question, pour l'A.P.S.L., de laisser le cheptel augmenter. Ce serait mettre en péril l'excellente qualité de la production actuelle, résultat de trente années de sélection. Il reste une solution, qui n'est pas la moins bonne : faire grimper les prix !

ENTRETENIR LE MATRIARCAT !

Maintenir un modèle d'élevage qui repose sur les souches maternelles. Si la plupart des mâles sont à vendre (sauf les

NOBLESSE,
FIERTÉ,
ASSURANCE,
GÉNÉROSITÉ,
LE PUR-SANG
LUSITANIEN
AFFICHE
SA SUPERBE,
SANS PRÉTENTION
AUCUNE.

Talio, 3 ans, par Latino et Toja, Coudeleria Ortigão Costa

meilleurs, bien entendu), il est quasiment impossible d'acheter une jument au Portugal. Garantissant la pérennité des lignées, les meilleures juments ne quittent jamais la maison. Les vendre reviendrait à laisser filer un peu du trésor familial, hérité depuis des générations. Quant aux moins bonnes, elles sont recyclées pour aller travailler le bétail. Certaines, même, sont destinées à la boucherie… Impératifs de sélection oblige.

RÉAFFIRMER SA SUPRÉMATIE !

Prouver que le pur-sang lusitanien est aujourd'hui capable de se mesurer aux meilleures races d'Europe du Nord en compétition de dressage.

Cheval de haute école et de tauromachie par excellence, le pur-sang lusitanien (comme le pure race espagnole) a longtemps été mis au ban du dressage de compétition, entièrement aux mains des Allemands et des Hollandais, dont les règlements et reprises ont été créés pour satisfaire les aptitudes des races d'Europe du Nord. Aujourd'hui, doté naturellement de ses extraordinaires allures brillantes et relevées, le pur-sang lusitanien peut se targuer d'avoir aussi acquis un trot à l'allemande, capable d'extension. Et il y a fort à parier que d'ici les prochaines olympiades, il viendra marcher sur les plates-bandes des westphaliens, hanovriens, holsteiner et autres chevaux allemands. Notons d'ailleurs les performances du pur-sang lusitanien Guizo, qui courut sous les couleurs espagnoles les derniers jeux olympiques de Sydney. Monté par Juan Antonio Jimenez Cobo, il permit à l'équipe espagnole de se classer cinquième.

PROMOUVOIR LA RACE AUPRÈS DES CAVALIERS AMATEURS

La valoriser comme race de loisir par excellence. Le pur-sang lusitanien n'est pas le privilège des seuls grands cavaliers. Il a bien d'autres cordes à son arc, la première étant, sans aucun doute, son caractère en or. Il sait séduire l'amateur parce qu'il lui présente un tempérament fin et généreux. Intelligent et travailleur, réactif et tonique, le lusitanien se laisse rarement dépasser par sa fougue au point d'être incontrôlable. Un amateur et même un enfant expérimenté peuvent monter un entier sans se mettre en danger. L'autre corde à son arc ? Sa grande polyvalence. Souple, confortable et endurant, le lusitanien peut satisfaire nombre d'amateurs qui ont envie de se faire plaisir en dressage, en promenade et même à l'obstacle. En clair, il s'agit pour le pur-sang lusitanien de retrouver la notoriété et la suprématie dont il jouissait à la grande époque de l'équitation à la française. Et sans le trahir, on peut aujourd'hui affirmer qu'il en prend bien le chemin.

Troupeau de jeunes mâles en plein cœur de l'Alentejo (Portugal)

VOICI LE MODÈLE IDÉAL PUBLIÉ PAR L'ASSOCIATION PORTUGAISE DES ÉLEVEURS DE PUR-SANG LUSITANIENS

Standard

Type
Eumétrique (pèse environ 500kg) ; médioligne ; formes arrondies ; silhouette pouvant s'inscrire dans un carré.

Hauteur
Moyenne au garrot, à l'âge de 6 ans :
femelles = 1,55 m / mâles = 1,60 m

Robe
Les plus fréquentes sont le gris et le marron, dans toutes leurs nuances.

Caractère
Noble, généreux et vif, mais toujours docile et maniable.

Allures
Agiles et élevées, se projetant vers l'avant, douces et d'une grande commodité pour le cavalier.

Aptitudes
Tendance naturelle à la concentration, avec une grande prédisposition aux exercices de Haute École et beaucoup de courage et d'enthousiasme dans les exercices d'étrier court (combat, chasse, tauromachie, maniement de troupeaux...)

Tête
Bien proportionnée, de longueur moyenne, fine et sèche, mandibule peu développée et joues relativement longues, profil légèrement subconvexe, front légèrement bombé, yeux plutôt elliptiques, grands et vifs, expressifs et confiants. Oreilles de longueur moyenne, fines et expressives.

Encolure
De longueur moyenne, rouée, étroitement attachée à la tête, épaisse à la base et insérée dans les épaules, sortant du garrot dans une dépression accentuée ; crinière fine.

Garrot
Bien détaché et étendu, en une transition douce entre le dos et l'encolure, toujours légèrement plus élevé que la croupe.
Un peu empâté chez les mâles non castrés, mais toujours bien détaché des épaules.

Poitrail
De taille moyenne, profond et musclé.

Flanc
Bien développé, large et profond, court et plein ; côtes légèrement arquées, insérées à l'oblique dans la colonne vertébrale.

Épaules
Longues, obliques et bien musclées.

Dos
Bien dirigé, à l'horizontale, servant de trait d'union suave entre le garrot et le rein.

Rein
Court, large, musclé, légèrement convexe, bien attaché au dos et à la croupe avec laquelle il forme une ligne continue et parfaitement harmonieuse.

Croupe
Forte et arrondie, bien proportionnée, légèrement oblique ; longueur et largeur de dimensions identiques ; profil convexe et harmonieux ; pointe des hanches peu évidente, conférant à la croupe une section transversale elliptique. Queue dans le prolongement de la courbure de la croupe, crins soyeux et abondants.

Membre
Bras bien musclé, harmonieusement incliné. Avant-bras bien d'aplomb et musclé. Canons plutôt longs, secs, avec les tendons bien détachés.
Boulets secs, relativement volumineux et sans pli. Paturons relativement longs et obliques. Sabots de bonne constitution et bien proportionnés, à talons pas très ouverts et couronne peu évidente. Fesse courte et convexe. Cuisse musclée, plutôt courte, dirigée de manière à ce que la rotule se situe à la verticale de la pointe de la hanche. Jambe plutôt longue, la pointe du jarret se situant à la verticale de la pointe de la fesse. Jarret large, fort et sec.Les membres postérieurs présentent des angles relativement fermés.

Rei, 5 ans, par Zique et Quieto (Coudeleria Paulo Caetano) tenu en main par Maria Caetano

Trois jeunes cavaliers portugais émérites : Ricardo Moura Tavares et son exceptionnelle jument Navalha, 9 ans, par Embaixador et Zarzuela, multiples champions d'Europe d'équitation de travail.

L'équitation portugaise

Indissociable du pur-sang lusitanien, elle vise à mettre en avant ses qualités de soumission, d'écoute et de maniabilité, requises à l'origine pour mener son cavalier à la guerre ou au taureau sans danger. Pratiquée en costume traditionnel, à la fois élégant, distingué et sobre, l'équitation portugaise exige que le cavalier ne tienne ses rênes que d'une seule main, la main gauche, affichant ainsi la complicité qui l'unit à son cheval et illustrant la grande finesse de son dressage.

Pour démontrer l'étendue de ses possibilités, le cheval lusitanien devra concourir dans quatre types d'épreuves, toutes complémentaires : épreuves de dressage, de maniabilité, de vitesse et de tri de bétail. Quoi qu'il en soit, chacune vise à mettre en avant l'extraordinaire propension du lusitanien aux allures brillantes et rassemblées, son aisance dans les déplacements latéraux, ainsi que sa grande élasticité.

Doté d'un galop ample, le lusitanien est fait pour se comprimer puis se détendre, galoper sur place ou en pirouette sur les jarrets, puis accélérer brusquement et se jeter sur le côté pour éviter l'obstacle. Il le prouve lors des épreuves de maniabilité, de vitesse et, plus concrètement, lors du tri de bétail. Mais pour être très complet et polyvalent, il doit aussi afficher une grande régularité dans ses allures et dans le mouvement en avant. C'est le rôle de l'épreuve de dressage, qui, bien souvent, vient se positionner en juge de paix dans les concours d'équitation portugaise.

LE LUSITANIEN EN CHIFFRE

• Question de cheptel

Quelque 4 000 poulinières sont recensées dans le monde dont : 1 800 au Portugal, 1 200 au Brésil et 400 en France.

Les 600 restantes se répartissent entre le Mexique, la Belgique, l'Allemagne, l'Angleterre, l'Italie, l'Espagne, les USA et le Canada.

• Question de prix

La plupart des éleveurs préfèrent vendre leurs poulains dans leur troisième année, tout juste débourrés.

Un poulain bien né mais sans prétention peut se négocier à partir de 7 000 €.

En revanche, s'il présente de bons papiers et des prédispositions intéressantes, il n'est pas rare d'entendre parler de sommes qui tournent entre 15 et 30 000 € !

Quant aux poulains primés à Lisbonne, ils peuvent dépasser les 40 000 €…

Maria Caetano, 17 ans, lors de l'épreuve de tri de bétail au Festival de Lisbonne 2003

À droite, Suberano, le gris et ci-dessus, Soaute, l'isabelle, tous deux Veiga de 4 ans, par Habil, Coudeleria Coimbra.

Le sang pur des Veiga

Il est impossible de consacrer un chapitre entier au pur-sang lusitanien sans évoquer ne serait-ce que succinctement l'élevage Veiga. Indissociable de l'histoire de la race au même titre que la famille Andrade, la famille Veiga a su se rendre incontournable et quasiment emblématique de la race.

Implantée à Golega, dans le Ribatejo (région des rives du Tage, au nord de Lisbonne), la Quinta da Broa, célèbre propriété des Veiga, renferme en ses murs presque deux siècles de passion équestre et tauromachique, ainsi que le secret de fabrication du lusitanien moderne. Fondée au début du XIXe siècle par Rafael José da Cunha, elle est revenue par héritage à Manuel Tavares Veiga (1863/1950) puis à ses descendants. Aujourd'hui, cette véritable institution appartient à l'actuel Manuel Tavares Veiga, quatrième du nom.

Les travaux réalisés par le premier Manuel Tavares Veiga, combinés aux recherches en généalogie effectuées par Ruy d'Andrade à la fin du XIXe et au début du XXe, permirent de sauver la race complètement dilapidée par trop de croisements avec du sang arabe ou du sang lourd. Au gré de ses nombreux déplacements, Veiga sut sélectionner des chevaux dont les caractéristiques morphologiques et le comportement semblaient se rapprocher le plus possible de l'ancien cheval ibérique et correspondre le mieux aux critères exigés pour les chevaux de combat. Il procéda ensuite à des croisements consanguins, dans le but d'affiner l'espèce et de mettre en avant puis d'homogénéiser les qualités de certaines lignées. L'objectif qu'il atteignit eut une portée nationale, puisqu'il parvint à fixer la race et à redonner au lusitanien les caractéristiques et le patrimoine génétique des fameux coursiers de l'ancienne Ibérie, depuis longtemps éteints.

Jamais, depuis un siècle, les chevaux Veiga n'ont trahi leur réputation quasi légendaire. Célébrés pour leur sang, leur réactivité et leur finesse, ils ont été les meilleurs ***toreros*** de toute l'histoire tauromachique. En revanche, l'excès de sang et de consanguinité en font souvent des chevaux délicats, ultrasensibles, qu'il convient de ne pas mettre entre toutes les mains. Excellents améliorateurs de la race, ils fournissent à tout l'élevage lusitanien un réservoir de sang indispensable pour maintenir les caractéristiques fondamentales de la race. Bon nombre d'éleveurs n'hésitent d'ailleurs pas à acheter des étalons Veiga pour réinjecter du sang dans leurs lignées. Croisés avec des Andrade, les Veiga ont donné les meilleurs papiers du Portugal. La plus belle preuve ? Parmi les grands étalons Veiga, sont Opus 72, Novilheiro, Nilo, Neptuno, Trinco… des fils de l'étalon Andrade Firme, grand chef de ligne. Aujourd'hui, les Veiga sont devenus omniprésents dans presque tous les papiers lusitaniens, aussi bien en père qu'en deuxième et/ou troisième génération.

Présentations en costume traditionnel du Ribatejo, à la Quinta da 3roa, chez Manuel Tavares Veiga, Portugal. Ci-dessus Ofensor, ici à 3 ans

Troupeau de poulains Veiga pataugeant dans leur abreuvoir

Golegã, le rendez-vous incontournable

Fief des Veiga, des Coimbra et des Veiga Maltes, Golegã s'est imposée au fil des ans comme la capitale portugaise du cheval. Elle vit au rythme de ses lusitaniens, accueillant chaque année, au mois de novembre, la Foire internationale du cheval lusitanien. Cette gigantesque réunion festive, chaleureuse et pittoresque a fait ses premiers pas sur l'emplacement du foirail, voici 28 ans, sous l'impulsion des Veiga. À l'origine simple foire aux chevaux, elle s'est ensuite spécialisée dans le pur-sang lusitanien, pour prendre, voici cinq ans, l'actuel titre très officiel.
La ville entière est érigée à la gloire de son valeureux cheval. La place principale du village, large place carrée, est constituée d'une immense carrière, utilisée quotidiennement par le centre équestre voisin. Tout autour, des petites maisons de village sont louées d'une année sur l'autre aux éleveurs de lusitaniens, pour la période de la foire. Les larges trottoirs sont ensablés à l'année, pour pouvoir « stocker » tous les chevaux présents pendant la foire.

À l'angle d'une rue et de la place, une jolie maison retapée s'est transformée en restaurant quasi panoramique, ouvert à l'année. Plus loin, derrière une vaste porte cochère, se cachent un somptueux manège et ses écuries luxueuses. Fondé par les éleveurs de Golegã, le centre Lusitanus leur permet de mettre des chevaux au travail, de les confier à des cavaliers de dressage soigneusement sélectionnés et leur offre un endroit idéal, en plein centre ville, pour recevoir leurs clients. Pendant la foire, il reste le seul endroit tranquille, mis à la disposition des éleveurs, pour qu'ils puissent faire essayer sérieusement des chevaux à leurs clients.

Démonstration d'équitation de travail avec deux des cavaliers de l'équipe nationale portugaise

Les quelque 65 juments baies et leurs poulains du haras d'Alter se prêtent au jeu de leur transhumance quotidienne :
le matin, elles quittent les 800 hectares de pâture pour rentrer aux écur es et vers 15 heures, elles sont relâchées au pré.

Le cheval d'Alter et ses écuyers de l'école portugaise d'art équestre, fidèles héritiers et fervents défenseurs de l'équitation à la française >

DANS LE RESPECT DES TRADITIONS LES PLUS PURES

LE CHEVAL D'ALTER

COUSIN TRÈS GERMAIN DE L'ACTUEL PUR-SANG LUSITANIEN, LE CHEVAL D'ALTER EST AUJOURD'HUI LE GARANT DES TRADITIONS PORTUGAISES LES PLUS PURES.

Recréé à la fin du XIXe siècle d'après des gravures du XVIIe et XVIIIe siècles, il représente fidèlement, dans son unique robe baie, les plus vielles souches ibériques. Faire-valoir de la très réputée École Portugaise d'Art Équestre, fondée en 1979 et implantée à Lisbonne, son histoire est indissociable de l'histoire de la monarchie et de son haras royal : le haras d'Alter Real, situé au nord de l'Alentejo, à la frontière espagnole.

LES CHEVAUX DU ROI

Créé par le roi Jean V en 1748, le haras d'Alter eut pour vocation, dès 1757, d'élever et conserver les meilleurs chevaux royaux. Associé au superbe Manège Royal de Belem (Lisbonne), le haras d'Alter venait s'insérer harmonieusement dans les traditions équestres portugaises qui brillaient déjà depuis quatre siècles à travers de grands traités d'équitation et répondait aux attentes des nouveaux maîtres, tel Manuel Carlos d'Andrade connu pour son ouvrage rédigé en 1790 : Magnificence de l'Art Noble et Libéral de la Chevalerie.

Les 600 chevaux d'Alter installés au Manège Royal de Lisbonne ayant été volés par l'armée napoléonienne en 1807, ceux qui stationnaient à Alter do Chao furent envoyés au Brésil lors de l'exil de Don Joao IV. Quelques retardataires restés sur le sol portugais se virent gravement menacés par des croisements avec des chevaux lourds ou d'origine arabe. Les recherches généalogiques du Dr Ruy d'Andrade, à la fin du XIXe siècle, permirent de retrouver quelques-unes de ces lignées ibériques qui lui semblaient les plus pures. Bien plus tard, il fit cadeau d'une partie de ses juments au Haras d'Alter, lui permettant ainsi de recréer des lignées qui ressemblent à s'y tromper aux gravures des XVIIe et XVIIIe siècles et à la statue équestre du roi José I sur son Alter Gentil, datant de 1775.
Passé dans le domaine privé à la chute de la monarchie en 1910, le Haras d'Alter resta entre les mains de l'ancienne famille régnante, les ducs de Braga, jusqu'en 1942. C'est à cette date seulement, quand il tomba sous la coupe de Salazar, que la couleur baie fut imposée comme marque de distinction et moyen d'homogénéisation de la race. Depuis la chute du régime militaire en 1968, le haras d'Alter dépend du ministère de l'Agriculture.

L'ÉCOLE PORTUGAISE D'ART ÉQUESTRE

Retour des traditions oblige, le Haras d'Alter et son poulain, le cheval d'Alter, sont aujourd'hui étroitement liés à l'École portugaise d'art équestre. Prolongement logique du patrimoine construit et élaboré par Jean V et ses successeurs, l'École Portugaise d'Art Equestre a vu le jour en août 1979 grâce à la volonté et l'acharnement de quatre des plus grands écuyers portugais. Fervents admirateurs de l'équitation à la française, ils souhaitaient que soit ranimé le flambeau de l'ancien Manège Royal à travers ses traditions équestres de haute école, grâce aux chevaux produits par le Haras d'Alter.
Se lancèrent dans l'aventure, grâce à l'appui du ministère de l'Agriculture, le Dr Guilherme Borga, Don José d'Atahyde, Francisco Cancela Abreu et le Dr Filipe Figueiredo marquis de Graciosa, qui, en tant que benjamin, reste aujourd'hui le seul du quartet fondateur, en fonction à l'École portugaise d'art équestre, dont il est aujourd'hui le directeur. En 1988, L'École doublait ses effectifs et recrutait quatre nouveaux écuyers. En 1996, elle prenait sa taille définitive, comptant désormais 15 écuyers dont un ou deux élèves-écuyers. Elle en profita pour prendre possession des fastueux et luxuriants jardins de Queluz., les fameux jardins du palais royal de Queluz, situé à quelques kilomètres de Lisbonne, au bout desquels furent construits des bâtiments modernes qui accueillirent les écuries et les bureaux.

UN RETOUR IMMINENT AU MANÈGE ROYAL ?

Édifié tout au long du XVIIIe siècle sous les règnes des rois Jean V (1706-1750) et José I (1750-1777) en annexe du Palais Royal de Belem (Lisbonne), le somptueux Manège Royal devait trouver sa forme définitive en 1787 grâce à l'appui du futur Jean VI. Les chaos de l'histoire, dont le vol des 600 chevaux royaux par l'armée napoléonienne en 1807 ont conduit les monarques du XIXe siècle à mettre un terme à la tradition équestre du Manège, préférant l'ériger en une salle des Carrosses, aujourd'hui l'un des musées les plus visités de Lisbonne. Depuis les années 60, les écuyers du haras d'Alter, puis ceux de la nouvelle École portugaise d'art équestre, même princièrement installés dans les jardins de Queluz, ont pour principal combat de récupérer leur Manège Royal pour pouvoir y donner les représentations de prestige. Force est d'admettre que ce manège d'une exceptionnelle richesse laisse libre place aux rêves les plus académiques des amoureux du cheval.

Le summum de la Haute école : la cabriole, ici présentée en main dans les Jardins de Queluz

Conosido, Cheval Ciné Action >

UN ESTHÈTE AU GRAND COEUR

LE PURE RACE ESPAGNOLE

DÉCADENCE ET GRANDEUR

Comme son frère de sang portugais, le cheval andalou n'a pu échapper à son destin. Dès le début du XIXe siècle, il s'est vu fortement menacé par la mode nouvelle qui, du jour au lendemain lui tourna les talons, délaissant les manèges de Haute École et les allures rassemblées pour les terrains de course et les galops ventre à terre.

Pourtant, à la différence de l'élevage portugais qui tarda à officialiser son stud-book, l'élevage espagnol sut se restructurer rapidement autour d'un stud-book fondé dès 1912. L'initiative ne fut cependant pas récompensée. La mécanisation de l'agriculture et l'émergence des sports équestres, pendant la première moitié du XXe siècle, achevèrent de le mettre à mal. Ainsi, il ne restait, à la fin de la deuxième guerre mondiale, que trois étalons *Cartujanos**.

Croisé massivement à d'autres races pour obtenir des chevaux de sport, le cheval andalou aurait totalement disparu si une poignée d'irréductibles mordus ne s'étaient acharnés à conserver certaines lignées, qui, plus tard, dans les années 70, initièrent le renouveau de la race.
Jusque-là regroupés en différentes associations régionales et réunis sous la tutelle de la Jefatura de cria Cabalar, les défenseurs de la race se constituèrent, en 1972, en l'Association nationale des éleveurs de chevaux de pure race espagnole (*Asociación nacional de Criadores de caballos de pura raza española* ou A.N.C.C.E.) avec pour but premier de promouvoir la race. Dans cette optique, il fut décidé de baptiser officiellement le cheval andalou suivant le nom de cheval de pure race espagnole (ou P.R.E.).
Chargée par le ministère de l'Agriculture de régir le stud-book de la race, l'A.N.C.C.E. gère aujourd'hui près de 80 % du chep-

Hechicero, bai de 8 ans, par Airoso et Burladura

Ganadero, élevage Saint Gabriel

tel P.R.E. mondial, quelques associations parmi les plus importantes (Allemagne, USA, Mexique et Venezuela) s'étant affiliées à elle.
En France, le pure race espagnole est géré par l'A.E.C.E. (Association française des éleveurs de chevaux de pure race espagnole), créée en 1986. Officiellement habilitée pour assurer la liaison avec l'Espagne, l'A.E.C.E. assume notamment les opérations permettant l'inscription des chevaux nés en France au stud-book espagnol.
La race vient d'être reconnue en 2003 par les Haras nationaux.

* ***Cartujanos*** (Chartreux) : lignée unique de chevaux de Jerez au sang très pur et aux caractéristiques propres. C'est la lignée la plus recherchée. Les chevaux ***Cartujanos*** ont été élevés par les moines Chartreux des Cartujas (chartreuses) d'Andalousie. Aujourd'hui, le mot ***Cartujanos*** désigne principalement les descendants des chevaux de la ***Cartuja de Jerez***.

Indiano, 7 ans, par Inspirado et Nimba, dans les arènes de l'élevage Saint Gabriel

Exceptionnelle cobra de 11 juments P.R.E

Le SICAB, la feria du P.R.E

Dotée de la ferme intention de redonner à la race l'éclat dont elle s'était parée pendant des siècles, l'A.N.C.C.E. entreprit, rapidement après sa création, de promouvoir le P.R.E. à travers des concours d'élevage qui permettraient d'afficher, au vu et su de tous, les qualités tant physiques que fonctionnelles de ce cheval dit baroque. Elle lança donc, en 1980, un championnat espagnol de modèle et allures, exclusivement réservé aux chevaux de pure race espagnole. Implanté au Palais des congrès et des expositions de Séville, ce concours prit une tout autre envergure en 1991, puisque fut lancé cette année-là, la première édition de la grande foire internationale du cheval, le SICAB. Aujourd'hui, soit à peine plus d'une décennie plus tard, le SICAB jouit d'une solide réputation.

Entièrement dédié au cheval de pure race espagnole, le SICAB s'inscrit dans les traditions festives espagnoles si chaleureuses et ce, malgré sa date hivernale. En effet, la *feria* du P.R.E. se déroule effectivement tous les ans pendant la troisième semaine du mois de novembre.

Entre autres animations, concours et spectacles, le SICAB organise en nocturne trois championnats nationaux de toute première importance : le championnat de modèle et allures, la Coupe ANCCE de Doma clásica et la Coupe ANCCE de Doma vaquera.

Malgré l'épidémie espagnole de peste équine qui, au début des années 90, freina l'essor du SICAB et en réduisit la portée, la *feria* du P.R.E. se targue de compter parmi les évènements équestres consacrés aux élevages les plus importants de par le monde. Étendue sur une superficie de 45 000 m^2, elle recense environ 150 000 visiteurs par an, héberge 1200 chevaux de pure race espagnole et 124 élevages y sont représentés.

Le Rocio, un pèlerinage à la gloire du cheval

Mélange subtil emprunt de l'esprit gitan du sud de l'Espagne, à la croisée des pratiques et croyances païennes et des traditions et coutumes chrétiennes, le pèlerinage du Rocio reflète mieux qu'un miroir l'âme andalouse. Incontournable rendez-vous annuel des éleveurs de chevaux espagnols, le Rocio se veut une profession de foi religieuse, que l'on vit religieusement comme un pieux hommage rendu au cheval.
Venus justement à cheval de toute l'Andalousie au cours d'un périple qui s'étale sur une dizaine de jours pour les plus éloignés, les éleveurs se réunissent dans le petit village du Rocio, qui, le temps d'un long week-end, prend subitement des proportions pharaoniques. Le dimanche de la Pentecôte, la procession et la bénédiction des chevaux concluent en un point d'orgue d'une rare intensité ces réjouissances de tradition séculaire tant mystiques que festives.

Le calendrier catholique scrupuleusement observé dans toute la péninsule, donne lieu, entre Pâques et le 15 août, à de nombreuses autres festivités. Très différentes du pèlerinage du Rocio, mais toujours empruntes de cet esprit religieux encore si fortement ancré, les ***ferias*** de Séville, Ronda de la Frontera et Jerez de la Frontera sont réputées d'un bout à l'autre de la planète pour leur liesse et leur bonne humeur. Omniprésent dans les traditions andalouses, le cheval est là, partout, toujours indispensable au bon déroulement de la fête et indissociable de la notion même de ***feria***. On le voit monté, portant en croupe une jolie femme costumée. On le voit attelé à des attelages colorés aux innombrables clochettes et pompons multicolores. On le voit en liberté, quand défilent les troupeaux…

Attelage des Haras nationnaux espagnols

Jérôme Fuentès présente l'un des produits de l'élevage familial

Dinar, étalon de l'élevage Moreno de la Cova

Standard

(publié par l'A.E.C.E.)

Type

Le P.R.E est un cheval élégant et souple avec beaucoup de noblesse. Son modèle est très typé, subconvexe avec une forte compacité. Ce cheval est plutôt fait « en montant ».

Taille

Pour être inscrits au livre des reproducteurs, le mâle doit mesurer au moins 1,52 m et la jument, 1,50 m. En moyenne, une taille de 1,58 à 1,60 m chez l'étalon et 1,56 à 1,58 m chez la jument sont appréciées.

Poids

Entre 400 et 500 kg.

Robe

Le P.R.E est le plus souvent gris (pommelé, truité, anthracite...). Il peut aussi être bai ou noir, mais jamais alezan, palomino, pie ou tacheté.La robe grise du *Cartujano*(1) est particulière : le poulain naît foncé puis éclaircit avec l'âge pour devenir presque blanc, souvent avec des ladres.

Crinière et crins

Crins soyeux, longs et très abondants. Crinière forte et abondante.

Caractère

Doté d'un mental exceptionnel alliant fougue, courage, bonne volonté, gentillesse et docilité, le cheval de P.R.E est un compagnon idéal.

Aptitudes et utilisations

Doté d'un bon équilibre, d'une mobilité et d'une maniabilité assez exceptionnelles, le P.R.E. est particulièrement apprécié en Haute École. Sa rusticité, son endurance, la sûreté de son pied et son caractère en font un cheval de loisir et d'extérieur extraordinaire. Sa souplesse, son confort, son énergie et son extrême gentillesse le prédestinent pour l'instruction. Il est aussi très recherché par le monde artistique (spectacle équestre, cinéma ou cirque) pour son brio et ses capacités d'apprentissage.

Tête

Tête de longueur moyenne et rectangulaire, sèche, au profil rectiligne ou subconvexe. Yeux vifs et éveillés, ovales, arcades orbitaires douces ou semi-effacées. Oreilles de proportions moyennes, bien implantées, séparées, légèrement divergentes et très mobiles. Front légèrement large et bombé, sub-convexe ou plat dans son sens transversal. Chanfrein rectiligne ou légèrement sub-convexe, modérément étroit et sec. Naseaux en amande et non saillants. Bout du nez en douce incurvation depuis le chanfrein, terminé en léger rétrécissement. Ganaches amples et musclées, de bord en arc long et discret.

Encolure

Légèrement arquée et de longueur moyenne, bien insérée avec la tête et le tronc.

Garrot

Assez large et détaché.

Épaule

Musclée et oblique.

Tronc

Proportionné et robuste.

Flanc

Ample.

Dos

Musclé et bien dirigé.

Flamenco XII, par Indiano VII ; ci-dessus, la jument Ceres III, élevage Rozière

LE PURE RACE ESPAGNOLE

(CHIFFRES 2002 FOURNIS PAR L'A.N.C.C.E. LORS DES JEUX ÉQUESTRES MONDIAUX DE JEREZ)

Le P.R.E est recensé dans 52 pays.La population mondiale du P.R.E. est estimée à 82 000 sujets.

- **L'Espagne en dénombre, à elle seule, 70 000.**
- **Les États-Unis, le Mexique, le Costa Rica, l'Allemagne et la France sont les pays qui comptent le plus de P.R.E. après l'Espagne.**

En Espagne

- **L'Andalousie détient 52% du cheptel espagnol, suivie de la Catalogne, l'Estrémadure, Castille-et-León et Castille-La Manche.**
- **960 élevages et établissements équestres sont impliqués dans la race.**
- **80 % des éleveurs espagnols sont des membres de l'ANCCE.**
- **En moyenne, ils détiennent 18 juments P.R.E.**
- **Le secteur du P.R.E génère 16 000 emplois directs ou indirects.**
- **Le marché du cheval espagnol rapporte 900 millions d'euros de chiffre d'affaires.**

Rein

Court, large, horizontal ou un peu bombé, il est lié de façon harmonieuse au dos et à la croupe.

Croupe

Légèrement plus longue que large, arrondie et légèrement inclinée, la croupe est de largeur et de longueur moyennes. La queue est attachée basse, plaquée, pourvue de crins abondants et longs.

Membres

Membres antérieurs : Bras harmonieusement incliné et fort. Avant-bras solide et bien dirigé. Genou développé et sec.
Membres postérieurs : Cuisse et fesse musclées. Jambe longue. Jarret fort, large et net.
En dessous de l'articulation du tarse (membres antérieurs et postérieurs). Canon de longueur proportionnée et tendons nets.

Boulet sec et marqué

Paturon pas trop long, bien flexible, mais non fléchi. Sabot compact aux dimensions équilibrées. Aplombs corrects.

Poulain pur-sang lusitanien ou cobra de juments de pure race espagnole, tous suivent les mêmes traditions d'élevage.

Des méthodes d'élevage ibérique

On ne gomme pas des millénaires d'histoire commune en un siècle ! Aussi, que l'on soit au Portugal ou en Espagne, le système et les méthodes d'élevage reposent sur les mêmes fondements. Les poulains sont sevrés entre six et neuf mois et séparés : les pouliches d'un côté et les petits mâles de l'autre. (Les pouliches peuvent généralement rejoindre le troupeau de juments dans leur deuxième année.) Vers trois ou quatre ans, tous sont débourrés ; les mâles, parce qu'il est temps de les mettre au travail, les femelles, parce qu'il faut les tester pour savoir si elles ont toutes les qualités requises pour être de bonnes poulinières. Les premiers resteront aux écuries. Dans leur très grande majorité, on leur évitera la castration, jugée inutile. Les secondes repartiront au pré, sitôt la décision de les garder à l'élevage entérinée.

MARQUES

Sitôt sevrés, les poulains sont estampillés au fer rouge de la marque de leur naisseur, sur la cuisse droite pour les femelles et sur la cuisse gauche pour les mâles.

Signature personnelle et individuelle de l'éleveur, la marque n'est en aucun cas la preuve de l'appartenance à une race. Au Portugal comme en Espagne, il n'est pas un éleveur qui ne possède sa marque, dont le sceau résulte le plus souvent de ses initiales enlacées.

TONTE OBLIGATOIRE

À peine sevrés, poulains et pouliches passent à la tonte. Crinière et queue sont mises à nu totalement. Ainsi revigoré et ragaillardi, le crin repoussera bien plus solide, épais et long. Les mâles pourront voir leur crin repousser dès qu'ils entreront dans leur seconde année. Mais les pouliches imiteront leur mère. Réservées à l'élevage, elles seront « toilettées » toute leur vie. Toupet, crinière et base de la queue seront entretenues rases tout simplement pour des questions d'hygiène. Vivant toute l'année dans des pâtures souvent géantes (il n'est pas rare qu'un troupeau de juments dispose de parcelles de quelques centaines d'hectare), les juments ne sont rentrées en box que pour les seules périodes de concours et présentations. Pour éviter que le crin ne pousse en tout sens et qu'il ne s'emmêle en nœuds inextricables, les éleveurs préfèrent le raser. D'autre part, dans ces pays chauds, les herbages secs regorgent d'insectes, larves et autres parasites. Friands des bases des crins épaisses (encolure et queue), qu'ils réquisitionnent d'ordinaire pour en faire leur nid, ces nuisibles se voient chasser de leur habitat par cette forme d'entretien séculaire.

L'École royale andalouse d'art équestre de Jerez lors d'une représentation à Paris-Bercy.

L'École royale andalouse d'art équestre

L'École royale andalouse d'art équestre a vu le jour en 1973, dans un climat général de réhabilitation des chevaux ibériques et de haute école à la française qui fit leur gloire sous l'Ancien Régime. École de grand prestige qui se produit aujourd'hui sur les scènes du monde entier, c'est elle qui, par l'image admirable qu'elle véhicule, a restitué au cheval de pure race espagnole ses lettres de noblesses.

Installée au cœur de l'Andalousie, à Jerez de la Frontera, l'École royale andalouse est installée dans un palais construit au XIXe siècle par l'architecte Garnier (qui bâtit l'Opéra de Paris), qui fit élever des installations d'une capacité de 1 600 places et des écuries pouvant accueillir soixante chevaux.

Elle doit son existence à quatre écuyers de renom parmi lesquels Don Manuel Vidrié et particulièrement Don Alvaro Domecq*, tous deux d'illustres ***rejoneadors*** qui ont contribué – avec Angel Peralta – à faire de l'équitation tauromachique l'art fin, esthétique et très raffiné que pratiquent aujourd'hui des cavaliers d'exception comme Pablo Hermoso de Mendoza, Joao Moura ou Paulo Caetano.

En 1987, pour confirmer l'importance d'une telle institution, le roi Don Juan Carlos accorde son patronage à l'École andalouse et en devient le président d'honneur.

Il était donc dans la logique des choses que le roi Don Juan Carlos récompense, en mai 2003, Don Alvaro Domecq en lui remettant le titre suprême de ***Caballo de Oro*** (Cavalier d'or), distinction honorifique attribuée aux plus grands écuyers.

Pour ses trente ans, l'Institution de Jerez vient de changer de statut pour se constituer en fondation. Devenue aujourd'hui un véritable centre culturel voué au cheval de pure race espagnole, l'École royale andalouse a élargi ses vocations. Outre la conservation et la transmission de l'art équestre ainsi que la sélection et la reproduction des meilleurs P.R.E., elle s'est enrichie d'un centre de formation pour les meneurs d'attelage et pour les futurs cavaliers professionnels de ***doma clasica*** et ***doma vaquera***, ainsi que d'une école d'assistants vétérinaires.

* Pour toréér, l'un et l'autre étaient de fervents amateurs de pur-sang lusitanien :ils ont participé à la renommée des chevaux Veiga, comme Opus 72, monté par Don Alvaro Domecq et Neptuno, monté par Don Manuel Vidrié.

Indiano, par Inspirado et Nimba, dans les arènes de l'élevage Saint Gabriel

La doma vaquera : une porte ouverte pour les cruzados

En opposition à la *doma clasica* (équitation classique), la *doma vaquera* (littéralement dressage vacher) est une équitation héritée du travail des taureaux de combat élevés dans les plaines andalouses.
Face au taureau prêt à charger, il faut des chevaux réactifs, toniques et agiles, mais sains, équilibrés et à l'écoute de leurs cavaliers ; des chevaux capables de se jeter sur le côté pour éviter l'animal, de se lancer au galop et de s'arrêter sur les jarrets pour retrouver leur calme initial.
Si le pure race espagnole répond à ses critères, il est fréquent qu'il soit croisé avec du pur-sang arabe ou de l'anglo-arabe, qui lui apportent la rapidité, l'influx et l'impulsion qui lui font un peu défaut. Regroupés sous l'appellation ***cruzados***, ces hispano-arabes ou ces hispano-anglo-arabes sont particulièrement appréciés en compétition, tout comme le pur-sang anglais.

Comme l'équitation portugaise, la ***doma vaquera*** se pratique à une seule main, la main gauche, libérant ainsi la main droite qui peut alors tenir la ***garrocha***, cette pique de bois longue de quatre mètres, qui sert à diriger le taureau tout en s'en protégeant. Mais à la différence de l'équitation portugaise qui cherche à obtenir une homogénéité dans toutes ses allures, la ***doma vaquera*** ne consacre que peu d'intérêt au trot, qui se voit même retiré dans les reprises de ***doma vaquera*** de compétitions.

Nicolas Fuentès en pleine reprise de Doma Vaquera

Une démonstration de paso péruvien dans une *hacienda* de la vallée sacrée de Cusco, Pérou >

DU TÖLT AU PASO LA VALSE À QUATRE TEMPS

LES CHEVAUX D'ALLURES

AU PAS, AU TROP, AU GALOP...

D'ordinaire, le décompte s'arrête là. Quelques races seulement dans le monde peuvent se targuer d'afficher à leur palmarès une ou deux allures supplémentaires, allures rares et recherchées pour leur confort et leur originalité.

Parmi ces races, le petit cheval islandais, tout droit venu de son île quasi polaire, est sans aucun doute le plus réputé dans toute l'Europe. L'islandais est un ***tölter***. Allure rapide et vive, le ***tölt*** est une sorte d'amble rompu à quatre temps, sans temps de suspension. Dans la mesure où il maintient toujours un pied posé au sol, le ***tölter*** s'économise bien plus qu'en galopant et il peut parcourir des kilomètres à grande vitesse, sans se fatiguer.

Par sa rusticité et son allure étrange, rapide et confortable, l'islandais a su séduire bon nombre de cavaliers, d'autant que sa petite taille ne l'empêche aucunement de porter des adultes, même lourds. Aujourd'hui élevé un peu partout en Europe, il connaît un franc succès notamment auprès des populations anglo-saxonnes, suisses et scandinaves.

Pourtant, son monopole sur le monde occidental a pris fin voici trente ans, quand débarquèrent d'Amérique du Sud de sérieux concurrents, armés d'un tölt au nom hispanique : le ***paso***. Et s'ils sont encore relativement méconnus du grand public, les chevaux de ***paso*** ont su, en trois décennies, convaincre de plus en plus de passionnés dans toute l'Europe tant en Italie, qu'en Suisse, en Allemagne, en Belgique ou aux Pays-Bas.

En France, on ne dénombre encore qu'un seul élevage : le Criadero Santa Maria, fondé en 1982 par un couple suisse, Verena et Aloys Tschumperlin, qui, passionnés par ces chevaux si attachants à l'allure si confortable, comptèrent parmi les premiers à en importer en Europe.

Jument et son poulain islandais du haras de la Guillerie

L'islandais peut parcourir de grandes distances au *tölt*, sans se fatiguer.

Chevaux islandais du haras de la Guillerie

Un étalon Paso Fino, de style colombien >

AU PAS, AU TROT, AU PASO !

LES CHEVAUX DE PASO

DESCENDANT EN LIGNE DIRECTE DES CHEVAUX IMPORTÉS PAR CHRISTOPHE COLOMB, LES CHEVAUX DE PASO SONT ÉLEVÉS DANS UNE GRANDE PARTIE DE L'AMÉRIQUE LATINE.

Deux types se sont distingués : d'une part le cheval de paso fino, élevé surtout en Colombie, mais que l'on trouve également dans les Caraïbes, à Cuba et à Puerto Rico et aujourd'hui aux États-Unis, sous le nom d'*American Pasofino* et d'autre part le paso peruano (ou péruvien), élevé au Pérou.

Après avoir découvert l'Amérique lors de son fameux périple de 1492, Christophe Colomb décida d'organiser une seconde campagne et choisit alors d'embarquer cinq juments et vingt étalons espagnols sélectionnés des provinces de Cordela et d'Andalousie. L'expédition débarqua dans l'actuelle République dominicaine, où fut érigé le premier haras chargé de fournir, par la suite, les montures nécessaires aux conquistadors qui succédèrent au grand explorateur. Dans le sang de ces chevaux pionniers, coulait un mélange de sang barbe, andalou et de genêt espagnol, ce dernier étant déjà très réputé pour ses allures souples et confortables ainsi que pour sa grande force génétique à transmettre ses particularités. Les conquêtes et guerres de colonisation furent le vecteur principal à l'expansion des chevaux conquistadors sur tout le continent sud-américain. Ils se multiplièrent rapidement sur tous les territoires occupés par les Espagnols, se spécialisant en fonction des régions où ils étaient élevés. Ainsi, en Colombie et au Pérou, ils étaient destinés à parcourir de très grandes distances et à travailler avec le bétail. Il était donc essentiel que la sélection s'opère sur des critères d'endurance, de résistance et de confort. Aussi, les chevaux de paso continentaux développèrent donc une allure ample et confortable, régulière et reposante, tant pour le cavalier que pour eux-mêmes. En revanche, dans les îles où les distances se réduisent considérablement, les éleveurs donnèrent la préférence à des chevaux plus rapides.

Ulises CSM, paso péruvien par Bolero et Marquesa CSM, né en 1993, Criadero Santa Maria >

OU LE CONFORT ABSOLU !

LE PASO PERUANO

LE PASO PÉRUVIEN

Désignée comme capitale de la Nouvelle-Espagne, Lima connut une place prépondérante dans l'histoire de ce Nouveau Monde américain.

Siège du vice-roi et de la haute administration, Lima vivait au rythme des fastes de la noblesse espagnole. Beaucoup d'entre eux acquirent des terres dans les régions avoisinantes (actuel Pérou) et firent importer d'Espagne des chevaux de toute première qualité. Suivant une politique drastique de sélection, ils cherchèrent à obtenir par croisement avec la première génération de chevaux déjà bien implantés sur le territoire une race de selle endurante et noble, douée d'un caractère parfait et dotée d'une démarche agréable et confortable.

Aujourd'hui, après des siècles d'une histoire riche et mouvementée, les membres de l'Association d'éleveurs et propriétaires de chevaux de paso péruviens (Asociacion de criaderos y propriedarios de los caballos peruanos de paso), en tant que dignes héritiers d'un patrimoine de valeur, élèvent, dressent, entraînent et montent leurs chevaux dans le respect des traditions séculaires de leurs ancêtres.

Standard paso permano

Taille

Cheval de taille moyenne comprise entre 1,45 et 1,55 m.

Caractère

Intelligent et noble, travailleur et endurant, il doit naturellement faire preuve de brio.

Robe

Toutes les robes sont admises à l'exception de la couleur pie.

Crin

La crinière et la queue sont bien fournies.

Morphologie

Tête expressive au profil droit ou légèrement convexe. Poitrail profond. Membres fins et secs.

ET AVEC BRIO, S'IL VOUS PLAÎT !

S'il est un terme qui revient inlassablement dans le vocabulaire des éleveurs de paso, c'est le mot brio. D'ailleurs, il est l'une des caractéristiques essentielles du standard officiel, qui stipule que le brio est une attitude naturelle du cheval et ne peut être acquis artificiellement. Le brio, c'est ce mélange de panache et de fougue, de fierté et de feu intérieur, un mélange explosif qui doit pourtant se faire subtil et sans débordement pour rester toujours à la disposition du cavalier. Brillant, donc, le paso peruvien fait preuve d'intelligence et d'une grande noblesse de caractère.

Des coutumes solidement ancrées

Si le costume traditionnel du chalan (dresseur péruvien) est réservé pour les jours de parade ou de concours, en revanche, il importe, pour une question de régularité dans le travail, que le paso peruano soit monté avec son harnachement habituel, tant au quotidien que les jours de grande sortie. Monté donc, il porte son filet tressé en cuir de chèvre, son embouchure péruvienne à palette et ses petites boules d'acier décontractantes, dotée de branches et d'une gourmette, qui demande une main experte, ainsi que son bozal. Sorte de caveçon relié au cavalier par une seule rêne, le bozal est une pièce en cuir sans embouchure, qui agit sur le chanfrein et sert surtout à éduquer les jeunes chevaux sans avoir à utiliser le mors péruvien. Chez le cheval adulte, le bozal continue à être porté ; il fait alors office de licol et son unique rêne tenue dans la main gauche se transforme en un long fouet qui sert au travail du bétail.

Pour selle, le chalan en utile une très proche des selles à piquer portugaises, plaçant le cavalier un peu en retrait sur le dos du cheval, tout en le maintenant très au contact. Les selles de parade, très décorées, relèvent d'un véritable travail artisanal. Les plus riches sont ornées de dorures et plaques d'argent. Lorsqu'il est de sortie, le paso péruvien doit également porter une sorte de croupière flottante qui vient lui chatouiller les jarrets quand il se déplace : c'est la ***baticola***. Cette étrange croupière, qui n'est pas sans rappeler les harnais d'attelage, demande une bonne dose d'acclimatation, surtout qu'elle est toujours associée au floron. Le floron, lui, consiste en une longue plaque de cuir de forme légèrement triangulaire et très décorée, qui vient recouvrir la queue dans sa totalité, depuis la base jusqu'à la pointe des crins.

Ainsi fièrement ornementé, le paso peruano s'accorde à merveille avec son cavalier vêtu d'un pantalon blanc, d'une chemise blanche, d'un poncho et d'un chapeau péruvien. Féminité oblige, la cavalière, quant à elle, ne porte pas le poncho comme il se doit. Elle préfère le fixer sur une seule épaule et le faire courir le long du bras dans un faux négligé tout étudié et très élégant.

DES ALLURES RARES

En dehors du pas et du galop (le trot et l'amble ne sont pas admis chez le cheval monté), le paso peruano possède une allure caractéristique : le fameux *paso*. Amble rompu à quatre temps sans temps de projection, le *paso* est une allure naturelle et fixée génétiquement à 100%. Particulièrement confortable pour le cavalier, puisqu'il ne comporte pas de temps de suspension (le cheval garde toujours au moins un pied au sol), le *paso* est recherché le plus ample possible. Comme toute allure naturelle, le paso comporte des nuances. Il est appelé paso *Llano* quand il est lent et obtenu avec un rassembler naturel - c'est le *paso* le plus apprécié - et il est dit « *Sobreandando* » quand il est plus rapide, se décalant légèrement vers l'amble.

De plus, le paso peruano est le seul cheval de paso à avoir maintenu le *termino*, autrement appelé *braceo*, qu'il tient en héritage direct de ses ancêtres andalous. Sorte de geste latéral des antérieurs dans le mouvement en avant, le *termino* permet d'améliorer et même accentuer nettement le confort de l'allure. Car en dépit de l'action très haute des antérieurs, le *termino* évite de transmettre les secousses dans le dos du cheval et ainsi dans le dos du cavalier. Le cheval peut alors accélérer son *paso* sans que son cavalier en ressente le moindre désagrément.

À la fois élégant et puissant, le *termino* part de l'épaule, puis gagne le membre antérieur, qui dirige alors son mouvement à l'extérieur et à l'avant ; il ne peut et ne doit en aucun cas être confondu avec le défaut d'allure qui consiste à billarder.

Sublime peruano Zafiro CSM et sa cavalière, Laurence Bouteiller du Criadero Santa Maria, qui détient de nombreux titres nationaux en Allemagne et en Suisse et donne des stages d'équitation au Pérou !

Un Paso peruano, à Cusco, au Pérou, le 13 octobre 2018.

OU LA VERSION SPORT!

LE PASO FINO

UN MODÈLE PLUS SPORTIF

Domingo CSM, paso péruvien

Élevé en Colombie, dans les Caraïbes et aux Etats-Unis, le paso fino présente une morphologie et des caractéristiques somme toute assez éloignées de son homologue péruvien. Plus fin et plus léger, il est aussi moins marqué par ses ancêtres espagnols et possède un ***paso*** bien différent : l'allure, si elle reste toujours cet amble rompu à quatre temps sans temps de suspension, est à la fois plus rapide et moins ample que celle du peruano. C'est la cadence extrêmement soutenue qui est recherchée. En fait, sur une distance donnée, le paso fino doit chercher à obtenir le maximum de foulées les plus piquées possible, quand son cousin péruvien doit obtenir un minimum de foulées les plus amples possible ! Pour poursuivre la comparaison, le paso fino est en quelque sorte le modèle sport quand le paso peruvien est le modèle grand luxe ! Comme pour le cheval peruano qui connaît des nuances dans son paso, le cheval de paso fino peut développer un paso dit ***largo*** quand il est rapide, avec une certaine extension et un ***tempo*** soutenu, ***corto*** quand il est lent et rassemblé, ***fino*** quand il est très cadencé. L'allure paso fino est l'allure la plus recherchée ; c'est elle qui est utilisée lors des présentations et des concours d'allures. Elle consiste en un quatre temps très rapide et accentué, avec un rassembler maximal avec une avance minimale et un minimum d'action des antérieurs.

D'un pas sûr et d'une grande agilité, le paso fino est extrêmement vif sous la selle et se présente avec beaucoup de brio. Elégant et harmonieux, confiant, il est capable, comme son cousin peruano, d'une grande résistance.

Ushuaïa CSM, excellente jument de paso fino, née en 1993, montée par Laurence Bouteiller, en costume traditionnel colombien. Criadero Santa Maria

Des costumes fonctionnels

Beaucoup plus simple que l'équipement péruvien, le harnachement colombien se satisfait d'un filet en cuir rond dont la couleur peut varier de beige à noir, de rênes en coton tissé et rond et d'une selle modeste, mais confortable, destinée avant tout à travailler le bétail. À la différence du filet péruvien qui retire le bozal dès que le cheval est dressé pour le remplacer par la jaquima, le filet colombien conserve le bozal, mais lui retire ses rênes, de sorte, qu'en une seule et même pièce, il puisse faire office tant de bozal que de jaquima. L'autre divergence d'importance réside dans le choix des embouchures : si le péruvien a vu sa palette se réduire considérablement, la palette de l'embouchure colombienne reste de taille conséquente. Il va s'en dire qu'ainsi conçue, elle demande alors une main experte et douce !
Le costume du cavalier colombien, très sobre, répond lui-aussi aux impératifs de l'élevage. Il consiste en un pantalon noir, recouvert de larges chaps en cuir et peau de vache, un gilet noir, une chemise blanche et un chapeau blanc.

Standard du paso fino

Taille
Cheval de taille moyenne comprise entre 1,45 et 1,55 m.

Caractère
Le paso fino présente à peu de choses près les mêmes traits de caractère que le paso peruano.

Robe
Toutes les robes sont admises à l'exception du la couleur pie.

Crins
La crinière et la queue sont bien fournies.

Morphologie
La tête est expressive, au profil droit ou un peu convexe. Les oreilles sont courtes. L'encolure est musclée. Le poitrail est large et profond. Les membres fins et secs aux articulations bien développées.

UN PROCHE VOISIN
LE MANGALARGA PORTUGAIS

Les chevaux de paso ne sont pas les seuls héritiers sud-américains des chevaux ibériques importés par les conquistadors espagnols et portugais. L'Amérique du Sud compte de nombreuses autres races, parmi lesquelles le mangalarga. Il en est de deux sortes. Le premier, autrement appelé cheval créole, est élevé en Argentine. À l'origine des souches qui fondèrent le fameux cheval de polo, le mangalarga argentin est aussi un excellent cheval de horse-ball – un sport très récent, plus accessible et plus «démocratique» que le polo – et se fait un grand allié des équitations de loisir et de randonnée.
Moins connu, le cheval mangalarga du Brésil affiche pourtant des caractéristiques tout aussi intéressantes voire exceptionnelles et une histoire bien plus complète.

• UNE HISTOIRE ET UNE ALLURE SPÉCIFIQUES
Au début du XIXe siècle, soit près de trois siècles après l'installation des Espagnols et des Portugais, le roi du Portugal Don João IV dut faire face aux guerres napoléoniennes qui s'étendaient désormais jusqu'en péninsule ibérique. Réputés soudards, les soldats de l'armée de l'empereur n'hésitèrent aucunement, une fois entrés à Lisbonne, à s'emparer des six cents chevaux royaux élevés au haras d'Alter Real, à l'est du pays. Don João IV décida alors de se réfugier dans le vaste pays que ses ancêtres colonisèrent, le Brésil et il emmena avec lui toute sa cavalerie restante composée de chevaux d'Alter.
Au Brésil, la famille Junqueira acquit quelques-uns de ses étalons et les croisa avec des juments locales d'origine hollandaise, son but étant d'obtenir un cheval d'une grande polyvalence et démarqué de toute appartenance sociale. Les Junqueira recherchaient en effent un cheval qui satisferait tant les exigences du noble, que celles du paysan, un cheval adapté aussi bien à la chasse à courre et au polo, qu'aux longs trajets et au travail du bétail. Pour améliorer et peaufiner la race naissante, ils ajoutèrent quelques apports en sang arabe, anglo-arabe, anglais et américain (*american saddle horse*), tout en cherchant à conserver cette allure si particulière que le mangalarga a développé : la *marcha trottada*, sorte de pas trotté ou plutôt un trot marché, sans temps de suspension et très confortable.

• UN CHEVAL DE GRANDE RANDONNÉE
Ayant gardé dans ses gènes la sociabilité, la générosité et la gentillesse de ses ancêtres ibériques, le mangalarga a développé une rusticité et une résistance qui lui sont propres. En effet, à l'instar des chevaux de paso, le mangalarga brésilien bénéficie de son allure spécifique, la marcha trottada, qui lui permet de couvrir de grandes distances sans se fatiguer et sans fatiguer son cavalier.
Extrêmement tenace et endurant, il est le cheval tout désigné pour les expéditions aux longs cours. La plus belle preuve en est sans doute l'exploit réalisé par Urutau NH et Yamame SP1, les deux mangalargas qui accompagnèrent Stéphane Bigo en 1985 lors de son périple trans-américain. Tous trois parcoururent une boucle de quelque 8 500 kilomètres, de l'Atlantique au Pacifique aller-retour, traversant le Brésil, le Paraguay, l'Argentine, le Chili, le Pérou et la Bolivie !

Brillante CSM, paso péruvien. Le Mangalarga n'étant pas représenté en France, les photos disponibles sont rares

Anton 343, par Oege, l'étalon qui a produit le plus de juments Ster et Modèles et par Iduna, désignée par deux fois preferent et dont les huit aïeules sont preferents ! Élevage Ted Kop Jansen >

NOBLESSE OBLIGE

LE FRISON

L'OR NOIR DES CHEVAUX

Noir. Noir intégral. Étrange fascination que le noir exerce sur l'homme. Absence de couleur ou couleur satanique, le noir porte en lui un magnétisme absurde quasi jubilatoire qui ne manque pas d'attraits. Le frison en joue et se rit de nos émotions. Sa robe ébène escamote les défauts de son corps et nous dérobe la réalité de sa morphologie. Le frison est voleur, donc. Mais qu'importe ! Il semble tellement beau et noble avec son port altier, ses longs crins et ses allures relevées !

Histoire

Originaire de la province de Frise dont il tire son nom, au nord des Pays-Bas, le frison compte parmi les plus anciennes races de chevaux : des ossements datés de 3 000 ans attestent de la présence de son ancêtre dans l'actuelle Hollande. Jules César l'apprécia, puisqu'il se plaisait à évoquer les formidables chevaux de bataille du peuple frison. En son temps, quelques-uns de ces chevaux furent emmenés en Angleterre par les Romains. Ils participèrent ainsi à l'élaboration de races reconnues comme les poneys fells, Dales et les Clydesdales.
Le cheval qui séduisit le grand stratège romain résultait probablement d'un croisement entre l'ancien cheval continental de type lourd et le cheval celtique plus léger, le tarpan. Depuis l'Antiquité, la race a subi bien des transformations et les différents apports de sang castillan et andalou qu'occasionnèrent les guerres et commerces de l'Histoire lui ont donné globalement l'allure que nous lui connaissons.

Au Moyen Âge, il bénéficia de l'engouement de la noblesse pour les chevaux blancs ou noirs à crinière longue. Plus tard, au XVIIe siècle, ses allures hautes et légères lui valurent une solide réputation pour la haute école. Au siècle suivant, les officiers supérieurs de l'armée profitèrent de ces allures relevées et de ce port d'encolure si sombre pour intimider l'ennemi au combat.

Le XIXe siècle lui fit connaître ses premières heures sombres. Avec la nouvelle mode des courses de trot, ce grand trotteur fut paradoxalement menacé d'extinction. En effet, réputé le plus rapide d'Europe, le frison fut victime de son propre succès : pour améliorer ses performances, les éleveurs n'hésitèrent pas à le croiser avec des trotteurs orlovs de Russie et des Morgan américains. La modernisation de l'agriculture finit de mettre la race en péril. Ainsi, en 1865, la loi visant à protéger l'élevage frison fut abrogée et les importations de chevaux lourds, plus aptes à tracter les machines agricoles, furent permises.

C'est en plein cœur de la crise, en 1879, que le stud-book frison prit naissance, grâce à deux nobles nostalgiques, C. van Eyzinga et A.J. Vellingen, que suivirent des paysans fidèles à leurs chevaux traditionnels. Ils regroupèrent les deux seuls étalons frisons qui restaient encore dans une vaste bâtisse, aujourd'hui transformée en restaurant consacré à la gloire du frison. Malgré tous leurs efforts, il ne restait en 1913, outre quelque centaines de juments, que trois étalons âgés, dont le fameux Alva 113, mort en 1915, qui fut le premier étalon ***preferent*** et l'un des quatre chefs de race du frison actuel.

Constitués en société, les plus passionnés se battirent alors pour sauver la race et sélectionnèrent Paulus et Prins, deux étalons qui deviendront deux des trois autres piliers des lignées de l'élevage actuel. Traversant sans trop de dégâts les deux guerres mondiales (on comptait quelque milliers de frisons à la fin des années 40), le frison s'est revu menacé dans les années 60 et 70, en raison de l'engouement immodéré pour le pur-sang anglais. Mais ses défenseurs ont fini par avoir raison de ce danger, en préférant les risques de la consanguinité à ceux de croisements inopportuns.

La toute nouvelle vague de popularité du frison remonte aux premières épreuves d'attelage, en 1972.

Aujourd'hui figure emblématique de l'histoire hollandaise, le frison est le seul cheval habilité à conduire l'attelage de la reine Beatrix et c'est lui qui ouvre la session annuelle du parlement hollandais !

Les quelque cent poulains du plan d'élevage du FPS vivent regroupés en deux troupeaux dans les immenses pâtures de Tjerkgaast

Une race sous contrôle maximal

Un seul organisme gère le stud-book frison et ce, pour le monde entier. Il s'agit de la redoutable Association royale du stud-book des chevaux Frison, (***Het Friesch Paarden-Stamboek***), communément désignée par le sigle F.P.S. Fondée en 1879 pour sauver la race alors menacée et depuis solidement implanté à Drachten en plein cœur de la Frise, le F.P.S est aujourd'hui un organisme ultra puissant, qui contrôle tout de la race et ne laisse rien au hasard. En effet, non content de gérer les papiers frisons de tous les pays, il organise et gère tous les concours d'élevage en Hollande, il publie une revue mensuelle pour les Pays-Bas (Phryso) et une revue trimestrielle traduite en trois langues pour l'étranger (Phryso International). Il supervise aussi l'élevage au niveau mondial via la W.F.H.O. (***World Friesian Horse Organisation***). Domiciliée dans les mêmes bureaux que le F.P.S. et fonctionnant sous sa présidence, la W.F.H.O. gère et coordonne les associations nationales agréées non néerlandaises d'éleveurs de chevaux frisons.

Depuis 1991, en raison du développement considérable de l'élevage du frison et de ses utilisations, le F.P.S. s'est doté d'un centre équestre frison, le F.P.C. (***Fries Paarden Centrum***), chargé de le soutenir dans sa politique de mise en valeur de la race. En 2001, le binôme F.P.S./F.P.C. a déménagé pour prendre possession d'un site tout simplement faramineux, à la sortie de Drachten, qui totalise deux grands bars-restaurants, un manège géant de 75 x 45 m, un autre de 50 x 25 m, trois de 20 x 40 m, une carrière de 120 x 70 m, 150 boxes disposés en barns de 30 boxes, deux solariums, trois aires de douche… et treize chambres d'hôtel tout confort. Toutes ces infrastructures permettent d'accueillir toute l'année des frisons laissés en stage d'attelage et de dressage, des frisons venus concourir en épreuves d'élevage ou de dressage, les futurs étalons, qui, après avoir passé avec succès les tests de Leeuwarden, viennent passer les soixante-dix jours ; et même des KWPN…

Byron, mâle de l'élevage du Sternberg

Une race sélective et compartimentée sous haute surveillance

La gestion de la race frisonne est d'une complexité telle qu'elle mériterait qu'on lui consacre un livre entier… Enfermé dans une logique de contrôle quasi-absolu des papiers et d'une sélection drastique, le F.P.S. a mis au point au fil des années un système d'élevage extrêmement structuré et compartimenté, avec distribution de primes à tous les étages ! Et pour couronner le tout, l'emploi des termes hollandais ne simplifie pas l'affaire.

Il faut pourtant bien s'y plonger si l'on veut appréhender, ne serait-ce qu'un peu, le mode de fonctionnement de cette race décidément bien à part. Et le lexique ci-dessous s'emploiera à démêler déjà quelques écheveaux.

• **Stamboek :** *littéralement stud-book.*
Sous ce terme, on désigne l'ensemble des dix registres du stud-book (registre des étalons, des juments, des juments Ster, des juments Modèles, des hongres…).
• ***Veulenboek*** *: livre des poulains.*
Les poulains nés de parents stamboek y sont inscrits automatiquement. Ensuite, selon qu'il s'agisse de juments ou de hongres, ou encore d'entiers, les parcours pour intégrer les livres du stamboek sont très différents.
La jument et le hongre plein papier passent du ***veulenboek*** au stamboek sur simple présentation à un « contrôle » dans leur année de trois ans. Ils doivent répondre parfaitement aux standards de la race et ne présenter aucun défaut héréditaire. Quant à l'entier, il devra suivre les méandres d'un parcours long et élitiste avant d'être approuvé étalon par le F.S.P et donc de pouvoir prétendre au livre des étalons.
• **Ster :** étoile
Les juments stamboek de quatre ans et plus peuvent passer Ster si elles présentent un modèle et des allures supérieures. Les juments Ster représentent 25 à 30% du cheptel.
• **Modèle**
Une jument Ster ayant reçue une première prime peut se voir décerner la mention « Modèle provisoire » lors du contrôle central de la même année, si elle s'avère vraiment exceptionnelle. Pour être définitivement « Modèle », elle devra démontrer ses compétences sous la selle et en attelage.
• **Preferent**
Cette désignation honorifique est souvent décernée à titre

Le père et le fils ! Page ci-contre, Teun, mâle de 4 ans, fils très prometteur d'Anton.
Ci-dessus, Anton 343, monté par sa cavalière Mathilda, élevage Ted Kop Jansen

Winnant, Haras du Loup Pendu

posthume. Elle récompense une qualité de production hors du commun. Ainsi, une jument doit avoir au moins quatre poulains de qualité (juments et hongres Ster ou Modèles et mâles approuvés étalons). Quant aux étalons, ils doivent cumuler tellement de conditions extraordinaires pour qu'ils soient honorés preferent, que depuis 1879, on compte les preferents sur les doigts des deux mains.

• Performant

Mention tout aussi exceptionnelle que la précédente, qui porte sur les performances sportives de la descendance d'une jument ou d'un étalon.

• Première et seconde prime

Les primes sont attribuées en concours d'élevage, en fonction de la qualité du frison. Rarement accordées, les premières primes révèlent des chevaux d'exception. Ainsi, une jument de quatre ans peut passer Ster sans aucune prime ou avec une seconde prime ou encore avec une première prime. Les primes sont remises en jeu chaque année et sont mentionnées sur les papiers du cheval.

Alwin V, superbe mâle du domaine du Frison

Au rythme des concours d'élevage

Figures de proue d'un système d'élevage très sélectif, les concours d'élevage s'enchaînent tout l'été. Durant l'hiver, ils cèdent la place aux deux grands concours internationaux. Lieux de rencontre entre les éleveurs, les entraîneurs, les juges et les instances officielles, ces concours occupent une place prépondérante dans la vie des membres du F.P.S.

• Jours d'élevage

Simples concours d'élevage, ils sont nombreux et se répartissent sur trois mois de l'année, de juin à septembre.

• Contrôle central

Concours d'élevage annuel, il se tient au mois d'octobre à Drachten au centre équestre frison. Il réunit tous les frisons qui se sont vus attribuer une première prime dans l'année. Le contrôle central est ainsi l'occasion pour quelques-unes des meilleures juments Ster 1ère prime de passer Modèles.

• Examen central

Célèbre concours annuel des étalons, il se déroule au mois de janvier à Leeuwarden. Fierté du F.P.S. et des éleveurs, ce concours est aussi l'emblème d'un système d'élevage sélectif, peaufiné et aguerri.

LA POPULATION FRISONNE DANS LE MONDE (CHIFFRES 2000)

En l'an 2000*, 32 000 chevaux étaient inscrits au F.P.S. (contre 1 000 en 1960) dont :

- 32 000 aux Pays-Bas (10 000 pour la seule Frise) parmi lesquelles 13 000 juments
- 4 000 en Allemagne, parmi lesquelles 2080 juments
- 2200 aux Etats-Unis, parmi lesquelles 950 juments
- 1 000 en Belgique, parmi lesquelles 550 juments
- 900 en France, parmi lesquelles 500 juments
- 220 à 300 au Canada, en Suisse, au Danemark, en Afrique du Sud
- 82 en Suède
- 80 en Angleterre
- 66 au Luxembourg
- 64 en Australie
- 18 au Chili
- 17 au Japon
- 12 en Italie
- 11 en Espagne
- Quelques-uns au Mexique et en Nouvelle-Zélande

En l'an 2000, le F.P.S a totalisé quelque 5 000 naissances. Il comptait 10 000 membres dont 3 500 à l'étranger.

*En 2003, les chiffres devraient dépasser les 40 000 sujets.

Winant, mâle né en Frise en 1998, Haras du Loup Pendu

Alwin V, superbe mâle
du domaine du Frison.

Standard

Hauteur
Le hongre et la jument doivent toiser au moins 1,50 m pour pouvoir être inscrits au stud-book et au moins 1,55 m pour être Ster. Les juments modèles, elles, doivent mesurer au moins 1,58 m.
L'étalon approuvé devra mesurer au moins 1,58 m à trois ans et 1,60 m à partir de quatre ans.

Robe
Noire. Les marques blanches ne sont pas souhaitées. Une tache blanche sur la tête sera tolérée pour les juments alors qu'une balzane ou une trace sur les membres les empêcheront d'être inscrites au stud-book.

Poils et crins
Lourds et épais, ils poussent très rapidement. Le toupet dépasse fréquemment le bout du nez. Les fanons sont très abondants. Ils prennent naissance derrière le genou et peuvent recouvrir totalement le sabot.

Caractère
Le frison est connu pour sa franchise, ses bons rapports avec les humains, sa curiosité et sa capacité à apprendre.

Allures
Les trois allures sont considérées comme énergiques, mais c'est surtout le trot qui est remarquable et typique. Son action haute du genou et le fort soutien des antérieurs, sa forte propulsion des postérieurs et son fort engagement le font se redresser très haut. Le pas doit être une allure droite, souple et énergique. Le galop est une allure joyeuse et portante, poussée à partir de l'arrière-main avec une bonne inclinaison du jarret.

Utilisations
Très polyvalent, le frison se remarque particulièrement en attelage. Son bon caractère et sa capacité à apprendre en font un excellent cheval de loisir.

Tête
Courte avec le front large. Les yeux sont grands avec le regard expressif. Les naseaux, placés haut, sont bien écartés. L'attache de tête est très importante : la nuque doit être longue et les ganaches pas trop saillantes.

Encolure
Puissante, rouée et suffisamment longue. Elle est portée haute, de telle façon que le dessous de l'encolure, le poitrail et les membres antérieurs dessinent une ligne verticale. La crête de l'encolure coule sur le dos court. Vue de profil, l'encolure est attachée loin sur le dos.

Garrot
Bien sorti et pas trop large.

Poitrail
Poitrail suffisamment éclaté.

Épaules
Bien inclinées. Poitrail et épaules doivent être bien musclés et bien attachés à la ligne du dos.

Dos, rein et thorax
La ligne du dessus a toujours été le point faible chez le frison. C'est pourquoi une ligne du dessus forte, un dos court et un thorax bien descendu sont très recherchés et largement privilégiés par le stud-book.

Croupe
Ronde, pas trop inclinée et pas trop courte. Queue bien attachée basse.

Membres
Le frison a des os relativement légers par rapport à des races de chevaux semblables. Il porte les deux tiers de son poids sur l'avant-main. Aussi, il importe que les articulations soient saines et les aplombs corrects. Au niveau de l'arrière-main, le haut de la cuisse n'est souvent pas assez développé et les jarrets sont quelques fois un peu faibles. La corne des sabots est très dure.

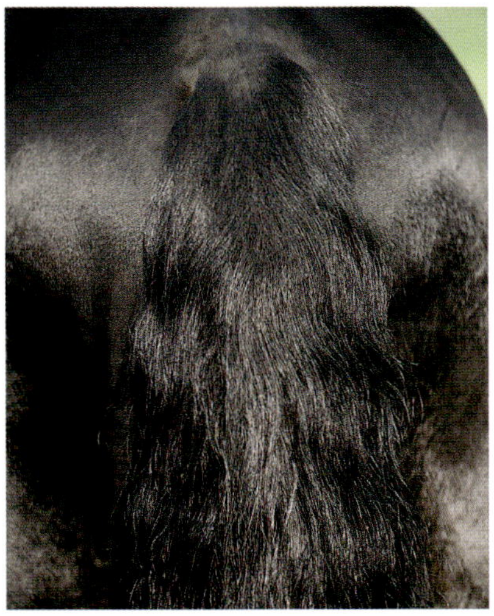

La perle noire de W. Jorritsma, l'exceptionnelle Hester, 7 ans, qui compte parmi les seules cinq juments dans le monde désignées Modèles à quatre ans ! En atteste sa marque sur l'encolure.

Des étalons délivrés au compte-goutte

S'il est une race qui sélectionne drastiquement ses étalons, c'est sans l'ombre d'un doute la race frisonne.
Avec seulement 75 étalons répartis dans le monde, dont 55 en Hollande et 16 aux États-Unis, le F.P.S. peut se targuer d'avoir su faire de ses chevaux noirs, de l'or en barre ! Mais à quel prix… Car, pour qu'il soit approuvé étalon, le mâle doit procéder à un véritable parcours du combattant. Parmi les huit cents à mille candidats qui postulent chaque année, seuls cent cinquante d'entre eux seront retenus pour participer à l'Examen Central de Leeuwarden. Parmi eux, cinq ou six concurrents exceptionnels et chanceux rejoindront le clan très sélect des étalons approuvés à la reproduction et désignés Stamboek.
Voici rapporté dans le détail le parcours marathonien d'un futur étalon Stamboek :

• Test de fertilité et test de stabilité héréditaire de la lignée
Le test de fertilité et dans une moindre mesure le test de stabilité héréditaire laisse sur la touche la quasi-totalité des candidats.

• Recherche des gènes
La présence encore assez fréquente du gène alezan est rédhibitoire. Quant au gène blanc, même s'il fait partie de l'histoire du frison, il est aujourd'hui fort peu apprécié. Ainsi, jusqu'à la recherche du génotype imposée récemment, on exige des étalons qu'ils fassent preuve de l'absence de traces blanches sur au moins cinq générations.

• Examen des papiers
Il permet de sélectionner les meilleures lignées et évite de pérenniser des lignées trop consanguines. La lignée maternelle doit afficher trois générations de juments Ster au minimum. Le père du futur étalon doit être Stamboek. Les résultats et performances sportives des frères et sœurs sont pris en ligne de compte.

COMBIEN COÛTE UN FRISON ?

- Un bon trois ans, plein papier, mais sans prétention, se négocie entre 7 500 et 10 000 €.
- Au-delà de 12 000 €, les poulains proposés devront présenter de lignées intéressantes.
- Sauf exception, les pouliches avec de bonnes origines sont bien plus chères, car elles sont destinées à l'élevage.
- Une jument Ster sans confirmation de lignée (aucune autre Ster dans ses antécédents) coûte environ 12 000 €. Si, dans ses lignées, on trouve profusion de Ster, modèles et pourquoi pas une preferent, les sommes peuvent dépasser les 50 000 €.
- Un étalon approuvé n'a pas de prix… Rarement à vendre, il arrive que l'un d'entre eux soit laissé à un millionnaire américain contre un petit pactole qui tourne souvent autour 1 500 000 € !

Ulleke, jeune jument du Domaine du Frison.

• Examen vétérinaire radiographique
Plus de trente clichés qui donnent des informations très précises sur la qualité du squelette et des articulations sont pris.

• Examen central de Leeuwarden, premier tour
Il consiste en un concours de modèle et allures.

• Toise

• Examen central de Leeuwarden
Deuxième et troisième tours.

• Tests d'aptitude à Drachten (70 jours)
Les mâles sélectionnés (une trentaine) sont regroupés au Centre équestre frison de Drachten. Pendant plus de deux mois, ils seront détaillés à la loupe et étudiés sous toutes leurs coutures. Testé au pas, au trot, au galop, en dressage sous la selle, en attelage et en spectacle… chaque cheval doit aussi faire preuve de bon caractère et d'un comportement sain au box, aux soins et monté. Un **rapport d'entraînement est rédigé pour chacun.**

• Première approbation
Au terme de ce véritable marathon, cinq étalons se verront enfin récompensés. Ils reçoivent alors un numéro attribué chronologiquement, qui correspond à leur entrée dans le livre prestigieux des étalons Stamboek. Ainsi Anton 343 est le 343ème étalon reconnu par le F.P.S depuis l'ouverture du stud-book en 1879. Aujourd'hui, la barre des 400 est largement franchie.

LIRE UN PAPIER

Ce n'est pas un scoop. Il est aisé de se faire arnaquer lors de l'achat d'un cheval. Que dire alors des ventes de frisons ? En effet, entre un cheval noir et un autre cheval noir, rien n'est plus facile de tromper sur la marchandise. Alors pour ne pas acheter un joli petit mérens en guise de frison, il est vivement recommandé de connaître, en plus des subtilités de la race, la couleur et la forme des papiers attribués aux frisons.

• Les papiers plastifiés et rayés jaune et vert
Tous les frisons plein papier doivent avoir des papiers plastifiés et rayés jaune et vert.
Pour être plein papier un frison doit avoir ses deux parents inscrits au stamboek. Le père sera donc l'un des étalons approuvé par le F.P.S.
Chaque frison plein papier voit tout son historique retracé sur ses papiers : les quatre générations de parenté obligatoires et leurs mentions (Ster, preferent…), le taux de consanguinité, les résultats en concours d'élevage (1re prime, 2e prime)….

• Les papiers marron
Ce sont en quelque sorte de demi-papiers. Par exemple, si la mère est plein papier, le père peut avoir obtenu une autorisation de saillie dans un pays (ou une région) donné.

• Les papiers bleus
Ils correspondent aux papiers délivrés à nos O.I (origine inconnue). En conséquence, on tâchera de les éviter.

L'ELDORADO AMÉRICAIN

Si le F.P.S. rechigne à approuver des étalons en Europe en dehors de son pays, il n'a pas hésité à recréer aux USA un concours des étalons* similaire à celui de Leeuwarden. Force est d'admettre que les enjeux que représente le marché américain pour les éleveurs hollandais sont de taille. Le frison se vend là-bas comme des petits pains et à des prix complètement farfelus ! Les rois du commerce n'ont donc pas hésité une seconde et se sont lancés dans un *business* des plus juteux, certains investissant dans des propriétés aux États-Unis pour y importer une partie de leur élevage, d'autres vendant à qui mieux mieux, depuis la Hollande des lots de poulains de six mois, des juments primées et même des étalons approuvés.

Et comment ne pas citer cette richissime Américaine, qui s'amuse à collectionner les étalons approuvés ? Elle en possède onze... et aucun ne reproduit ! Elle préfère les travailler et les monter en concours de dressage. Un comble, quand on sait qu'en Europe, les éleveurs se battent pour avoir enfin un étalon approuvé hors Hollande, quand on sait aussi qu'un étalon approuvé coûte au bas mot 1,5 million d'euros !

*Les frais engendrés pour présenter un entier à Leeuwarden depuis les USA sont très élevés, surtout quand on connaît le tout petit pourcentage de réussite à ce concours. Aussi, le FPS a décidé de créer ce concours parallèle pour le continent américain. Seule logique de l'histoire, un étalon approuvé aux Etats-Unis n'est pas autorisé à saillir en Europe.

Ninke, jument Ster, Haras du Loup Pendu.

• Examen de la descendance

Pendant les quatre années qui suivent sa première approbation, le jeune étalon est en fait à l'essai. Il n'a qu'une autorisation provisoire de saillie. Sa production fera l'objet d'un examen scrupuleux. Il se peut, en effet, que des anomalies apparaissent ou que la qualité de la production s'avère vraiment médiocre. Dans ces cas, l'étalon peut se voir déclassé et retiré son droit de saillie. Il est donc vu d'un **mauvais œil qu'un jeune étalon ne reproduise pas ou peu.**

• Approbation définitive

Si la descendance du jeune étalon a donné satisfaction pendant ces quatre années probatoires, il est enfin et définitivement confirmé étalon Stamboek…

Ci-dessus, poulains de 2 ans en train de jouer, domaine du Frison.

AUTORISATION DE SAILLIE RÉGIONALE

Avec 55 de ses étalons stationnés aux Pays-Bas et 16 aux États-Unis, la race compte à peine trois étalons en Allemagne et un seul en Belgique…. Le compte est vite fait et autant dire que certains pays amateurs et éleveurs se sentent isolés voire lésés. Pour remédier à ce problème, sans pour autant ouvrir les vannes lors du concours des étalons, le F.P.S. a trouvé une solution intermédiaire. Il accorde un droit de saillie régional ou national aux meilleurs entiers des pays concernés.

Oslo, étalon crème par Highlees Graf Spee et Malika, élevage Boudet >

QUAND LE CLAIR SE FAIT RACE

LES CHEVAUX BLONDS

CRÈME, PALOMINO, ISABELLE. TROIS ROBES AUX REFLETS D'OR ET DE DIAMANT.
TROIS ROBES ENVIÉES, RECHERCHÉES, RAFFINÉES.

Trois robes en vogue, qui, suivant la blonde tendance, jettent des effets platine, éclaircis et délayés. En observant de près un palomino ou un isabelle, on dirait qu'il s'agit d'un bel alezan ou d'un bai cerise qui s'est laissé séduire par la mode, acceptant un léger balayage. Le crème, lui, ose la décoloration totale.

Il pourrait être blond champagne pétillant, il ne l'est pas. Il se veut doux comme la crème ou même pur comme le blanc, tant il a forcé sur la nuance. Mais à discuter chiffons et couleurs, on finit par en oublier l'essentiel. La robe fait-elle le cheval ? Aussi esthétique et rare soit-elle, porte-t-elle à elle seule la responsabilité de l'étiquette « cheval de rêve » ?

Difficile de trancher. Un joli modèle apparaîtra comme sublime dès qu'il arborera une teinte unique et dorée. Un modèle disgracieux sera toujours plus apprécié s'il est rehaussé d'une robe agréable et valorisante, une robe voleuse, en quelque sorte, qui sait masquer les défauts.

Pourtant la robe ne doit jamais faire perdre de vue des critères essentiels qui définissent les meilleures races : le modèle et la fonctionnalité. Et c'est bien la raison pour laquelle se sont constitués, au fil des dernières décennies, des associations visant à regrouper ces chevaux de couleur dans de nouvelles races qui affichent des standards stricts et sélectifs, tant sur les détails de robe que sur des points précis de conformation, de morphologie et d'appartenances établies à des stud-books de race. En procédant de la sorte, ces associations mettent au ban de leur stud-book tous les sans papiers et même bon nombre de pleins papiers qu'elles jugent inintéressants ou douteux.

Et c'est ainsi que de trois robes aux reflets d'or et de diamant, trois races sont nées.

Oslo, magnifique étalon crème par Highlees Graf Spee, mélange réussi d'arabe, barbe et quarter horse, élevage Boudet >

LA CRÈME DES CHEVAUX

LE PURE RACE CRÈME

PARMI LES CHEVAUX DITS DE RÊVE, S'IL EN EST UN QUI NE FERA ASSURÉMENT PAS L'UNANIMITÉ, C'EST INCONTESTABLEMENT LE CHEVAL CRÈME.

Avec sa pigmentation d'une extrême pâleur et ses yeux si clairs qu'on se noierait dedans, il peut tour à tour emballer, séduire, fasciner, déranger et troubler. Pour les uns, sa robe blanche et inaltérée est synonyme de perfection, pour les autres, elle est décidément trop fade et pour les derniers, elle est presque choquante tant elle est transparente. Le crème a pourtant un moyen de pression indiscutable pour calmer la controverse et rallier tous les cavaliers à son oriflamme : de par ses caractéristiques génétiques, lui seul peut garantir l'existence et le maintien en nombre des chevaux palomino et isabelle, dont la robe d'or est grandement prisée.

Le cheval crème n'est pas albinos

Relevant des accidents génétiques extrêmement rares, le cheval albinos n'existe pour ainsi dire quasiment pas et de toute façon, il n'est pas viable. En effet, à la différence de l'espèce humaine chez qui l'albinisme est viable, le poulain albinos meurt presque toujours avant terme et s'il arrive au terme, naît avec les yeux rouges et un système digestif défectueux qui lui rend la vie impossible. Son espérance de vie ne dépasse pas 24 ou 48 heures. De surcroît, le cheval albinos relève du cas d'école : il est le fruit hasardeux d'un croisement entre deux chevaux pie overo* ; et à ce jour, le gène albinos n'a encore été découvert dans aucune autre robe que l'overo. Ainsi, les chevaux communément désignés albinos ne le sont pas et ils ne peuvent l'être. Ils revêtent une robe sans doute crème, éventuellement blanche, peut-être champagne ou même très probablement grise... et quand ils vous font les yeux doux, vous plongez dans leur couleur noisette ou azur, mais jamais dans du rouge sang !

Cette précision de langage, si elle vous semble relever de la maniaquerie des scientifiques et généticiens, est pourtant essentielle, car elle vise à faire évoluer les mentalités encore trop méfiantes à l'égard des chevaux crèmes, gris ou blancs, désignés à tort albinos, qui portent encore sur leurs épaules le fardeau des mythes et légendes nés de l'ignorance. Mais désormais tout est dit pour calmer les esprits et faire taire les rumeurs !

*overo : voir page 181

Le crème
une robe d'abord, une race aussi

Avant tout, le terme crème désigne une robe, ou plus exactement, quatre type de robes résultant d'un croisement entre deux chevaux portant le gène diluant.

Ainsi, les chevaux cremello, issus d'une double-dilution d'alezan ou d'une dilution de palomino, portent une crinière bien blanche et un poil légèrement plus foncé, ivoire ou crème soutenu.

À l'inverse, les perlino affichent une crinière plus foncée que le poil lui-même crème. Les perlino sont des double-dilués de bai ou des dilués d'isabelle.
Les deux autres type de crème, relevant de savantes dilutions entre des alezans et des palomino d'une part et des bais et des isabelle d'autre part, présentent des crins et poils de même couleur, soit clair, soit grisâtre.
Chacune de ces quatre robes crème admet quantité de nuances, du blanc «plus blanc que blanc» à l'ivoire très soutenu en passant par le crème léger et quantité de variations, pommelées ou non.

Mais aucune ne tolère ni le gris, ni le champagne. Et, s'il est relativement aisé de distinguer un cheval gris tirant sur le blanc d'un cheval crème très clair, la différenciation est autrement plus compliquée pour les chevaux à robe champagne. En effet, c'est la peau qui joue le juge de paix entre le champagne et un crème pommelé. Ainsi, un cheval porteur du gène champagne présente une peau marbrée, quand un cheval crème pommelé arbore une peau unie bien rose. Mais, le contraste n'est pas si criant de vérité...

Aussi, une autre astuce consiste à observer la couleur des yeux : le gène champagne, découvert récemment par les chercheurs, semblerait s'associer quasi-systématiquement à des yeux verts ou marron.

QUELQUES NOTIONS DE GÉNÉTIQUE•

Pour comprendre ce qu'est le gène diluant, il faut se plonger, ne serait-ce qu'un instant, dans le monde à la fois cartésien et pourtant encore très opaque, de la génétique :

• Le cheval crème est porteur du gène de dilution sur ses deux chromosomes. Il est dit homozygote double dilué.

• Le cheval palomino et le cheval isabelle sont porteurs du même gène de dilution et ce, sur un seul chromosome. Ils sont dits hétérozygotes dilués.

• Le bai et l'alezan n'ont aucun de gène de dilution sur l'un et l'autre de leurs chromosomes.

• Le noir masque totalement l'effet du gène de dilution. Ainsi, un cheval palomino croisé avec un cheval noir donnera soit un cheval noir, soit un cheval bai, soit un cheval alezan.

• Par croisement, on obtient alors les statistiques suivantes :

• Un crème et un crème donnent 100 % de crème ;

• Un crème et un palomino donnent 50 % de crème et 50 % de palomino ;

• Un crème et un alezan donnent 100 % palomino ;

• Un crème et un bai pur* donnent 100 % d'isabelle ;

• Un crème et un bai impur* donnent 50 % de palomino et 50 % d'isabelle.

• Un palomino et un palomino donnent 25 % de crème, 50 % de palomino et 25 % d'alezan ;

• Un palomino et un alezan donnent 50% de palomino et 50 % d'alezan ;

• Un palomino et un bai donnent 25 % d'alezan, 25 % de bai, 25 % de palomino et 25 % d'isabelle ;

• Un palomino et un isabelle donnent du bai, de l'alezan, de l'isabelle, du crème et du perlino ;

• Un isabelle et un crème donnent 25 % d'isabelle, 25 % de palomino, 25 % de perlino et 25 % de cremello ;

• Un isabelle et un alezan donnent 25 % de crème, 25 % de bai, 25 % d'isabelle et 25 % palomino ;

• Bai pur ou bai impur : complications en vue !

• L'isabelle est issu du croisement entre un crème et un bai pur - le bai pur est en fait du noir qui s'affadit.

• Le palomino est issu du croisement d'un crème et d'un alezan.

• Mais pour tout emmêler, il existe des bais impurs porteurs du gène alezan !

• Et aujourd'hui encore, il est impossible de savoir génétiquement si un cheval bai porte en lui les gènes bai pur ou bai impur. Seule l'observation scrupuleuse des lignées permet de le supputer.

• Par croisement, on obtient les statistiques suivantes :

Un bai pur et un bai pur donnent 100 % de bai pur.

Un bai pur et un bai impur donnent 50 % bai de pur et 50 % de bai impur

Un bai pur et un alezan donnent 100 % de bai impur.

Un bai impur et un alezan donnent 50 % d'alezan et 50% de bai impur

Un bai impur et un bai impur donnent 25 % de bai pur, 25 % d'alezan et 50 % de bai impur.

C'est ainsi que, croisé à un crème, le bai impur peut donner ou un isabelle ou un palomino.

• En résumé

Par la magie d'une extrême simplification, on peut retenir, que par dilutions successives, bai -> isabelle -> perlino

Alezan -> palomino -> cremello

(-> = dilution)

Le pure race crème

Les subtilités de la robe crème et les aléas génétiques à la produire ont incité ses plus fervents amateurs à se constituer en association, afin de pouvoir ouvrir un stud-book de couleur, à l'origine sans critères de races. Aussi, à l'instar des Américains et sous l'égide de l'American Creme Horse Association, ils fondèrent, en 1991, l'Association française des chevaux crème avec pour but premier de rétablir la vérité sur les chevaux blancs et crème et de les réhabiliter auprès des cavaliers soupçonneux.
Mais soucieuse d'obtenir une reconnaissance auprès des Haras nationaux (reconnaissance toujours en cours), l'association choisit rapidement se démarquer de ses homologues américains et en 1996, elle décide de créer une véritable race de chevaux crème répondant à un standard bien défini. Désormais, les chevaux inscrits à son stud-book porteraient le nom de pure race crème.
Afin de ne pas devenir le dépotoir des chevaux à robe claire refusés par d'autres stud-books de race, l'association s'est dotée de statuts stricts et sévères et d'un standard particulièrement pointilleux, notamment en ce qui concerne les gènes de couleur (toutes les nuances de gris et de champagne sont formellement exclues) et l'utilisation du cheval de pure race crème. Le but clairement affiché étant de développer une race de loisir polyvalente répondant à une demande croissante, capable de sortir aussi bien en randonnée, qu'en endurance ou encore en dressage....
Le nombre de sujets inscrits dans les deux sections* du stud-book étant considéré comme suffisant pour pallier aux problèmes de consanguinité, décision a été prise de fermer les stud-books le 31 janvier 2002. La race crème est donc désormais définitivement établie. Aussi, les inscriptions à titre initial ne se feront que sur dérogation et examen spécial des dossiers.
Ainsi, pour qu'ils soient inscrits au stud-book français de pure race crème, les chevaux à robe crème présentés à titre initial sont passés au crible d'un examen d'entrée des plus sérieux, fondé sur d'autres critères que la seule robe. Morphologie, origines (papiers ibériques, lusitaniens, arabes ou quarter horse obligatoires) aptitudes et caractère sont soigneusement observés. On les préfèrera faciles, gentils, mais avec du sang.

*sections : voir page 167

Le standard de pure race crème

En raison de la pluralité des races qui sont acceptées au stud-book du pure race crème, le standard type s'attache moins aux critères de morphologie qu'aux critères de robe et de peau.

Type

Le cheval crème a l'aspect d'un cheval de selle, léger, robuste, équilibré et aux formes harmonieuses.

Hauteur

De 1,48 à 1,65 m avec une moyenne de 1,55 à 1,60 m

Poids

De 400 à 550 kg

Sang

Les races admises chez le pure race crème, soit en sang pur soit en croisement, sont :

- Le pur-sang arabe
- Le lusitanien
- Le pure race espagnole
- Le quarter horse

Caractère

Volontaire, gentil, docile et fier.

Utilisation et aptitude

Agréable, surtout tournée vers les équitations de loisir. En fonction des quatre races qui composent le pure race crème, certains montreront des aptitudes en dressage, d'autres en équitation western, d'autres en endurance...

Couleur

On distingue quatre type de crème

- Crème A : Robe blanche, ivoire à crème, queue et crins blancs. Il est dit cremello.
- Crème B : Robe ivoire à crème, crins et queue et crins plus foncés. Il est dit perlino.
- Crème C : Robe et crins de la même couleur, crème clair.
- Crème D : Robe et crins de la même couleur, crème grisâtre.

Peau

Rose. Quelques petites taches noires autour des yeux ou de la bouche, ou sur les parties génitales sont admises. Mais la peau mouchetée est éliminatoire.

Yeux

Bleus, noisette ou foncés.

Le palomino et l'isabelle, facteurs de sang crème

Le fidèle complice de Bruno Boisliveau, artiste de spectacle

Le stud-book crème, comme toutes les autres races érigées suivant des critères de robe intrinsèquement liés à la génétique, comporte deux sections : la section pure race crème, réservée aux seuls chevaux crème et la section « breeding stock* » ouvertes aux chevaux palomino et isabelle, porteurs eux aussi du gène de dilution et donc capables de donner naissance à des chevaux crème.
Jusqu'à la fermeture du stud-book crème en 2002, les chevaux palomino et isabelle devaient répondre aux critères de morphologie et d'origine exigés par les standards de la race, exactement comme les pure race crème. Ils étaient alors inscrits à titre initial. Depuis la fermeture du stud-book, les livres des deux sections sont clos et désormais, seuls les palomino et isabelle nés de parents inscrits aux livres de la race crème seront reconnus, au titre de l'ascendance.

*breeding stock : littéralement « réserve d'élevage ». Le breeding stock est constitué en un livre tout à la fois secondaire et pourtant essentiel, puisqu'il représente un réservoir de chevaux génétiquement capables de transmettre les caractéristiques de robe requises par le standard de la race.

L'OR À PORTÉE DE ROBE

LE PALOMINO ET L'ISABELLE

QU'IL SOIT PALOMINO OU ISABELLE, TOUS DEUX PORTENT AVEC ARROGANCE CETTE ROBE DORÉE QUI FASCINE ET CAPTIVE LE BADAUD ÉQUITANT.

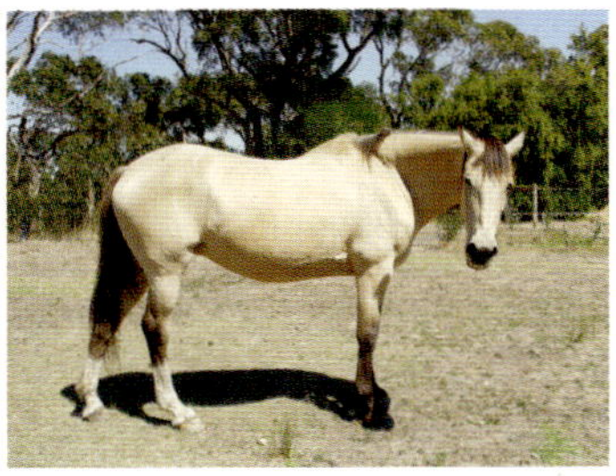

Les robes palomino et isabelle

Mais déferlante blonde oblige, le palomino et ses faux airs de platine décoloré connaît un succès bien supérieur à celui de son acolyte isabelle aux crins et balzanes noirs.
Pourtant, c'est bien le cheval à robe isabelle qui relève d'origines prestigieuses, puisqu'il tient son nom de la reine d'Espagne Isabelle de Bourbon, qui avouait avoir une grande préférence pour cette race dorée encadrée de noir. Quant au cheval palomino, les Américains, toujours très prosaïques, en définissent sa couleur idéale comme étant celle du dollar-*or US* fraîchement frappé !

Champagne Graf Spee, par Lotus, fils de Highlees Graf Spee, élevage Boudet

Or platine ou or noir, le palomino et l'isabelle résultent d'une dilution par croisement avec des alezans et des bais dont les lignées ne sont pas forcément bien maîtrisées, du moins en ce qui concerne la couleur.
Aussi, tous deux sont menacés en permanence par l'intrusion de gènes autres que le gène de dilution recherché. Ainsi, les gènes gris, champagne et smutty sont particulièrement guettés, mais d'autres, comme le gène appaloosa ou le gène dun ou sty sont également à proscrire.
Cette intrusion est d'autant plus perverse qu'elle s'exprime rarement sur de jeunes poulains, la robe du palomino et de l'isabelle évoluant au fil des années.

Quelques indices permettent de déceler quelques fois, malheureusement, très tard, ces gènes indésirables.

• **Des taches sombres ou claires** ainsi que des sabots striés dénotent la présence de sang appaloosa.

• **Le grisonnement progressif** de la robe révèle la présence du gène gris. La mutation de couleur est généralement détectable vers cinq ans et plus sûrement à dix ans.

• **Des poils blancs** parsemant la robe du cheval peuvent dévoiler une robe rouanne ou rubican.

• **La peau brun citrouille** démasque la présence d'un autre gène de dilution : le gène champagne, fortement prohibé !

• **Des jambes de couleur foncée** et des zones pommelées noires ou marron chez le palomino indiquent la présence des gènes sty ou dun.

• **La présence de fanons longs**, épais et drus dénote une origine de chevaux de trait.

• **L'assombrissement général** de la robe et de la crinière (pour le palomino) qui vire de doré à argenté trahit le gène smutty, qui ne se détecte qu'à partir de six ans.

Isabelle et palomino respectent la même logique génétique et comme leur grand frère à robe crème, ils font aujourd'hui l'objet d'études minutieuses, qui visent, pourquoi pas, à les fixer génétiquement et d'une façon héréditaire moins aléatoire qu'aujourd'hui.
Mais leur statut « bâtard » d'hétérozygotes leur confère une position délicate et précaire dans le chaînon de la reproduction et impose des difficultés génétiques que les scientifiques sont pour l'instant incapable de contourner. Ainsi, alors que de deux chevaux crème naît forcément un cheval crème, il en est autrement pour les chevaux dorés,. puisqu'ils ne transmettent pas automatiquement leur couleur et peuvent faire ressortir, suivant qu'ils soient isabelle ou palomino, du perlino ou du cremello, du bai ou de l'alezan ou le bai et ce, une fois sur deux !
Aussi, à moins d'être un passionné averti et particulièrement au fait de l'évolution des lignées, leur suivi relève véritablement du casse-tête chinois...

COMBIEN COÛTENT
UN CRÈME OU
UN PALOMINO ?

- **À question délicate, réponse impossible ! En fait, tout dépend de l'origine du cheval qui retient l'attention. Ainsi, un joli petit O.I. (origine inconnue) palomino ne se négociera pas au-delà de 3 000 €, surtout s'il est poulain, quand un superbe lusitanien crème, plein papier lusitanien dépassera les 30 000 € à trois ans !**
- **Pour donner une fourchette plus raisonnable, il faut compter, pour un cheval de quatre ans débourré et sans grandes prétentions, autour de 3 000 à 10 000 €.**

Les stud-books palomino et isabelle

Dans ce climat génétique extrêmement compliqué et instable, on comprend toute l'importance dont est investie l'Association française du cheval palomino et isabelle. Fortement inspirée des deux associations américaines* qui régissent sur leur sol les palomino et isabelle et dotée de statuts très particuliers et uniques en leur genre, cette association a mis en place deux stud-books palomino et isabelle qui résultent d'un savant mélange entre un stud-book uniquement fondé sur la couleur et un stud-book de race.

Comme toutes les races fondées sur des particularités de couleur, les stud-books palomino et isabelle comportent un livre régulier et un livre de réserve. Mais ici plus qu'ailleurs, les éleveurs passent leur temps à jongler entre l'un et l'autre du fait de l'instabilité des couleurs palomino et isabelle. C'est pourquoi le breeding stock trouve là tout son intérêt, bien plus que dans d'autres stud-books, puisqu'il y admet tous les AQPI (autres que palomino et isabelle) nés de parents palomino ou isabelle, à savoir des crème, des alezans et des bais susceptibles de reproduire les robes palomino et isabelle.

Recensant environ 150 chevaux inscrits et une cinquantaine en cours d'inscription, l'Association française du cheval palomino et isabelle souhaite à long terme fermer ses livres. Mais si elle tarde à le faire, c'est par mesure de prudence. Elle tient avant tout à fonder une race sûre, exempte le plus possible d'individus néfastes et indésirables. Ses palomino et isabelle déjà enregistrés ainsi que les chevaux inscrits au breeding stock font l'objet de toutes les attentions et peuvent être déclassés s'ils prouvent à long terme ou dans leur descendance la présence d'un gène non souhaitable. Quant aux inscriptions à titre initial, elles sont donc toujours de rigueur. L'examen des candidatures est strict, tant sur les questions de couleur que sur celles de morphologie et de caractère, l'association cherchant à évincer tous les chevaux susceptibles de déclencher des difficultés.

* Les associations américaines :
Fondée en 1936, la Palomino Horse Association Inc. (PHA) est restée moins stricte que son homologue française, puisque, comme l'American Cream Horse Association pour les chevaux crème, elle continue à accepter tous les chevaux palomino, sans définir un standard de race.
Parallèlement, la Palomino Horse Breeders Of America (PHBA) a cherché à développer des palomino de races américaines. Sont admis les palomino arab, morgan, quarter horse, saddlebred, tennessee et les walking rocky mountain horse.

Standard des chevaux palomino et isabelle

En fixant des statuts relevant d'un mélange entre les deux associations américaines, l'Association française du cheval palomino et isabelle a accepté dans son standard un nombre élevé de races qui pourront constituer ses deux stud-books. Cette pluralité de modèles admis rend la rédaction d'un standard de morphologie quasi impossible. En revanche, les statuts stipulent clairement que pour être enregistré à titre initial, un palomino ou un isabelle doit montrer une certaine élégance de tête, de structure osseuse et de morphologie dans les races ou croisements de races reconnues par l'Association. Il aura une taille comprise entre 1,45 m et 1,70 m et ne devra présenter aucune caractéristique de poney ou de cheval lourd.

Les races et croisements reconnus par le stud-book palomino et isabelle

Moins regardant que le standard du pure race crème qui n'admet que quatre races à son stud-book, les standards des livres palomino et isabelle réservent leurs accès à dix races, cependant toutes triées sur le volet.

Aussi dénombre-t-on :
- Le pur-sang arabe,
- Le pur-sang anglais,
- Le barbe,
- Le lusitanien,
- Le pure race espagnole,
- Le pure race crème,
- et le quarter horse ;

Ainsi que toutes les races américaines spécifiques comme :
- Le Morgan,
- L'american saddlebred,
- Le tenesse walker ;

et ce, suivant le modèle du Palomino Horse Breeders Of America. Quant aux anglo-arabes, selle français et trotteurs, ils peuvent être admis à titre exceptionnel s'ils font preuve de caractéristiques morphologiques et mentales supérieures. Les chevaux d'origine inconnue ou de lignées peu connues, peuvent eux-aussi être admis, mais ils seront placés sous haute surveillance, ainsi que toute descendance, car il faut à tout prix éviter l'intrusion d'autres gènes de couleur qui viendraient semer la zizanie dans une race de couleur déjà difficile à maîtriser.

Flash Junior, fils de l'étalon I'm a Flash Back, ici à un an, montre sa croupe chesnut blanket, élevage du Sagiran. >

DANS SON SANG COULE UNE RIVIÈRE

L'APPALOOSA

APPALOOSA… UN CURIEUX NOM POUR UN CHEVAL CURIEUX, MAIS UN NOM QUI, SOMME TOUTE, LAISSE AISÉMENT DEVINER SES ORIGINES AMÉRINDIENNES.

Insolite pour ne pas dire bizarroïde, l'appaloosa arbore une robe tachetée toute guillerette qui contraste avec son passé plutôt sombre. Mais avant que d'aborder les pages les plus noires de l'histoire américaine, remontons le fil du temps jusqu'aux confins de la Préhistoire, quand l'homme peignait alors sur les murs des grottes.

Il semble que dans ces temps reculés, il y a quelques 20 000 ans, il était déjà fasciné par ces taches qui parsemaient le corps des chevaux, puisque les graffitis laissés dans des cavernes aujourd'hui situées en territoire français représentent… des chevaux à taches !

De là à rejoindre d'une traite l'appaloosa américain du XIXe, il y a encore quelques marches que nous parcourrons à grandes foulées.

Au XVIe siècle, le continent américain qui n'avait pas porté un seul équidé depuis des millénaires, s'est vu enfin doté de chevaux, grâce à l'arrivée des Espagnols sur son sol. Les Indiens, qui, jusque-là, vivaient en tribus sédentaires, se sont progressivement laissés séduire par l'animal jusqu'à devenir, en moins de trois siècles, de grands cavaliers. Parmi les plus experts, de fameux éleveurs de bétail : les Nez-Percés, installés dans les états de Washington, de l'Oregon et de l'Idaho. Très vite, ils comprirent l'intérêt de procéder à une véritable sélection de leurs montures pour obtenir les chevaux rapides et résistants dont ils avaient tant besoin. Le cheptel qui en résulta affichait déjà et presque à l'unanimité, cette fameuse robe tachetée.

Les guerres indiennes – et massacres – ont tristement prouvé que l'endurance et la générosité des chevaux Nez-Percés étaient à la hauteur de leurs cavaliers. Leur courage, leur résistance et leur agilité permirent à la tribu d'échapper pendant plusieurs mois à l'armée américaine. Guidée par Chief Joseph, la tribu parcourut plus de 2 000 kilomètres (1 300 *miles*) dans des conditions extrêmes, pour finalement se rendre, en 1877, dans le Montana. Abandonnés pour les uns, récupérés par la cavalerie pour les autres, ou dispersés

parmi les colons pour les derniers, les chevaux Nez-Percés s'éparpillèrent au point de manquer de disparaître. Les quelques centaines de sujets qui survécurent furent mélangés sans discernement à d'autres races jusqu'en 1938, date à laquelle Claude Thomson, céréalier d'Oregon, décida d'en relancer l'élevage, après avoir réalisé l'importance de préserver ces exceptionnels chevaux à taches. Il fixa alors définitivement le nom de la race en optant pour le terme appaloosa et, aidé d'une poignée d'hommes de chevaux, fonda l'Appaloosa Horse Club (ApHC).

En 1947, l'ApHC dénombrait 200 chevaux et 100 membres inscrits. Aujourd'hui, il totalise quelque 600 000 chevaux répartis dans le monde pour quelque 33 000 membres et doit faire face à plus de 10 000 enregistrements par an !

Un nom symbolique

Les Nez-Percés ne le nommèrent point. Ce furent donc les pionniers américains qui se chargèrent de l'affaire, le désignant tout simplement du nom de la rivière Palouse qui coule dans les états de Washington et d'Idaho. Ainsi appelé «Palouse Horse», le cheval tacheté des Nez-Percés vit son nom se réduire une première fois en « Appalousey ». La seconde transformation en « appaloosa » fut alors et on le comprend, des plus aisées !

King David Yazi, par David Kelo, étalon de l'élevage du Sagiran

Une race en voie de décoloration ?

L'infinité des robes appaloosa n'a pas empêché, bien au contraire, l'élaboration d'un stud-book particulièrement vigilant et strict visant à encadrer et à réguler au mieux l'effervescence de ces taches vraiment très indisciplinées.

Mais les exigences de nos activités équestres modernes, essentiellement tournées vers des disciplines sportives et la compétition, ont incité les éleveurs d'appaloosa à le croiser de plus en plus avec le quarter horse qui lui, arbore une robe unie. Aussi, si l'appaloosa peut exhiber un modèle passe-partout quasi similaire au quarter horse, modèle certes plus adapté à nos besoins actuels, il a dû troquer en échange ses couleurs bigarrées. Et il en paie le prix fort car on voit naître de plus en plus d'appaloosa ***solid color****, qui, on le comprend sont aussitôt mis au ban de l'élevage à moins qu'ils passent avec succès des tests génétiques bien définis.

C'est pourquoi et paradoxalement, l'appaloosa fondation (appaloosa affichant dans ses papiers des lignées anciennes qui remontent à la première souche de développement de la race) connaît de nos jours un regain d'intérêt de la part des éleveurs américains, qui, après l'avoir délaissé, s'en retournent vers lui pour réinjecter du sang d'origine et de la couleur dans la race. Le stud-book a d'ailleurs créé une section très privée, appelée « fondation pedigree » qui exige, pour pouvoir inscrire un appaloosa, la trace d'au moins 50 % de ses ancêtres appaloosa sur quatre générations et au moins trois ancêtres appaloosa chez l'un ou l'autre de ses parents.

Solid color

Ce terme américain est utilisé tant pour l'appaloosa que pour le paint horse et le pinto. Un solid color est un cheval plein papier, (donc enregistré au stud-book de la race), qui naît avec une robe unie. Génétiquement, il est encore apte à reproduire en couleur. Il ne peut donc pas être résilié totalement du stud-book. En revanche, il est déclassé du livre régulier (***regular book***) pour rejoindre le livre de réserve (***breeding stock***), moins prestigieux, mais pourtant essentiel. En effet, l'appartenance au breeding stock lui ferme les portes des concours d'élevage, mais elle lui laisse les portes ouvertes à la reproduction. Ce breeding stock est très utile, car il permet de maintenir des effectifs assez nombreux pour contourner les dangers de la consanguinité et évite d'évincer de la race des produits issus de bonnes lignées.

Particularités

- Sa robe tachetée qui fait que chaque cheval présente un modèle « haute couture », unique ;
- Le fond de l'œil blanc ;
- Les sabots striés ;
- Des ladres (parties de peau claire, fine, chauve et irrégulièrement pigmentée) qui cernent les yeux, les naseaux et entourent les parties génitales.

L'appaloosa tacheté n'est pas tenu de faire montre de ces quatre particularités.
Mais étant donné l'actuelle tendance à la perte de couleurs et taches, l'appaloosa solid color doit faire état de deux de ces quatre caractéristiques identificatrices, dont l'une doit être ou la robe tachetée ou les ladres. Dans ce cas, il peut être directement réinscrit au regular book. Si tel n'est pas le cas, il est alors immédiatement déclassé et devra subir une recherche de gènes sous contrôle vétérinaire (Certified Pedigree Option Inspection). Si elle prouve toutefois la présence du gène de couleur, les portes de l'élevage et des concours lui seront à nouveau ouvertes et il pourra réintégrer le regular book. Sinon, il sera alors enregistré comme « non charactéristique » (non characteristic) et il ne sera autorisé à reproduire qu'avec des appaloosa inscrits au livre régulier.

CAPE OU PAS CAPE !

La génétique des couleurs appaloosa est entourée d'un halo mystérieux quasi-impénétrable qui a dérouté les plus grands spécialistes. Et à vrai dire, même les scientifiques n'en sont encore qu'au stade des hypothèses. Car il semble que n'existe aucune règle, aucune loi pour régir l'apparition des tâches et leur emplacement sur le corps du cheval. Un appaloosa bai blanket* peut donner naissance à un poulain léopard qui, à son tour, peut donner naissance à un solid color... Pour l'instant donc, nous n'avons aucune explication rationnelle à fournir pour expliquer le fourmillement et l'infinité des possibilités de robes appaloosa... Il n'y a donc rien à comprendre !
Ainsi aléatoirement réparties au gré des naissances, les taches ont été codifiées et elles peuvent apparaître sur chacune des treize couleurs qui définissent la base de la robe appaloosa. Ainsi sont admises les robes classiques suivante : le bai, le bai brun, le bai rouan, le noir, le blanc, le gris, le palomino. Les autres nuances nous proviennent directement de l'américain et sont plus difficilement traduisibles : ***bucksin, chesnut, dun, grulla, blue roan, red roan*** !

King David Yazi, étalon de l'élevage du Sagiran

Kélo de Sagiran, par King David Yazi, ici à six mois, élevage du Sagiran

Sur ces couleurs de base, viennent s'adjoindre plusieurs formes de taches dont quatre sont classiquement reproduites :

- **Le blanket** (traduit en français par le mot cape) porte une couverture blanche sur la croupe. Elle part de la pointe de la queue et remonte le long de la croupe. Elle peut même s'étendre sur le dos jusqu'au garrot.
- **Le blanket spotted** porte la même couverture, mais cette couverture est toute tachetée ;
- **Le léopard** est parsemé de taches assez régulières sur tout le corps, tête et membres compris ;
- **Le snow flake** arbore une robe de couleur sur laquelle tombent, plus ou moins parsemés et sur tout le corps, des flocons de neige.

Afin de faciliter le signalement d'un appaloosa, un code est établi : on donne d'abord la couleur de base de la robe, puis la forme des tâches, puis les marques sur la tête et les membres. Ainsi un appaloosa chesnut blanket spotted est un alezan couvert d'une cape blanche, mais tachetée sur la croupe. Il peut aussi avoir une étoile sur le chanfrein et être décoré d'un mouchetage sur les jambes : une balzane sur le postérieur gauche par exemple et pourquoi pas une demi-balzane sur l'antérieur droit sont autant de signes distinctifs qui viennent participer à l'élaboration de sa robe unique.

CROISEMENTS

L'ApHC reconnaît seulement quatre croisements, qui tous donnent naissance à un poulain appaloosa plein papier. Il s'agit des croisements entre :

- Un appaloosa et un appaloosa ;
- Un appaloosa et un quarter horse ;
- Un appaloosa et un pur-sang arabe ;
- Un appaloosa et pur-sang anglais inscrit ou reconnu par le Jockey Club de New York.

En premier plan, une jument appaloosa fondation de lâ€™Ã©levage du Sagiran. Sa morphologie et sa queue courte sont symptÃ´matiques de ses lignÃ©es anciennes.

Standard

L'appaloosa d'origine présentait une morphologie particulièrement trapue, un squelette fort en os, une encolure plutôt épaisse et une tête longue au profil légèrement busqué. Le croisement autorisé avec certaines races et surtout avec le quarter horse a favorisé des modèles plus légers et plus harmonieux. L'appaloosa actuel répond à ce standard, défini par l'Appaloosa Horse Club.

Type
Morphologie assez caractéristique avec un squelette fort en os, une musculature développée voire puissante et une taille assez petite.

Hauteur
De 1,42 m à 1,63 m au garrot.

Robe
À taches. La variété des robes est illimitée et chaque cheval arbore une robe unique. Bien qu'ils soient classifiés par type et souvent repérables dans les lignées, les couleurs et dessins se combinent à l'infini. Chaque robe évolue avec l'âge du cheval, les robes peu colorées à la naissance pouvant devenir très colorées.

Crins et crinières
Queue et crinière souvent peu fournies en crins.

Caractère
Très endurant, l'appaloosa affiche un tempérament particulièrement doux et docile, calme, confiant et prédisposé au travail.

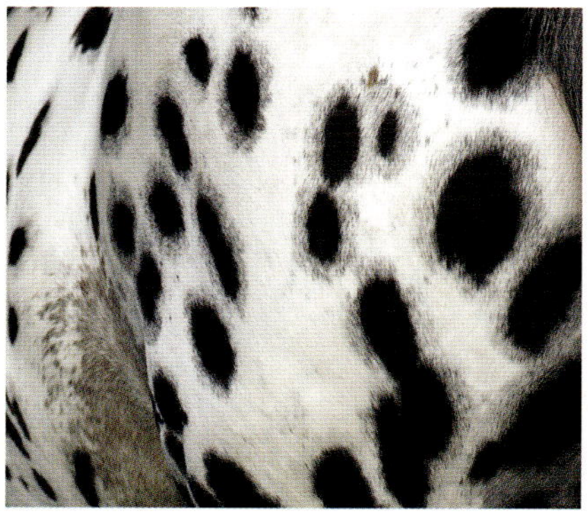

Aptitudes
Sélectionnés par les Nez-Percés pour les accompagner tout au long de leur vie, les appaloosa les suivaient à la guerre, au bétail, dans le déplacement des campements… Aujourd'hui, il continue à allier de réelles capacités physiques à un mental très disponible. Robuste, résistant et endurant, c'est un excellent cheval au long cours, tant pour la randonnée que pour le convoi de bétail. Polyvalent, il se distingue aussi en équitation western et même en équitation traditionnelle. Certaines lignées démontrent même des aptitudes pour la course.

Tête
Petite, au profil plutôt incurvé. Les ganaches sont prononcées et les oreilles de taille moyenne ; le fond de l'œil est blanc ou sclérotique.

Encolure
Allongée et bien attachée.

Garrot
Plutôt saillant.

Poitrail
Large et attaché à des épaules obliques.

Dos
Court et étroit, un rein fort.

Arrière-main
Particulièrement développée, aux hanches fortes. Les cuisses sont longues et musclées.

Membres
Droits, aux canons courts. Des sabots ronds, ouverts, larges en talons et striés de blanc et de noir.

Goer-Gotcha, par Goer et Princess Citation

King David Yazi et Betty Jean, «madame de Sagiran»

I'm Flash Back, grand champion appaloosa né à l'élevage du Sagiran, monté par Marietta Estival ici en pleasure.

Un recyclage réussi

Si en France l'appaloosa est apparenté à l'équitation western et à la randonnée, aux États-Unis, il est considéré comme un cheval d'une extrême polyvalence. Utilisé dans les ranchs pour les travaux agricoles, il est un excellent convoyeur de bétail et s'avère un très bon animal de bât. En compétition, il brille tant à l'obstacle sous une selle anglaise, qu'en équitation western, en attelage, en endurance et même en course.

Mr Cupid Junior, superbe étalon paint de l'élevage Boudet >

DU BICOLORE PLEIN LES YEUX

LES CHEVAUX PIE

VOILÀ BIEN UNE QUESTION À EN PERDRE SON LATIN, D'AUTANT QUE DEUX DE CES TROIS NUANCES NOUS VIENNENT EN LIGNE DIRECTE DES ÉTATS-UNIS !

En fait, malgré une apparente ressemblance des mots, le problème est relativement simple. Le premier appartient à une race bien définie à part entière, c'est le paint horse. Le second appartient à un stud-book de couleur, dont le but principal est de maintenir la double coloration des robes, c'est le pinto.

Le troisième ne prétend appartenir à aucun de ces deux stud-book. En revanche, comme le paint et le pinto, il arbore une robe bicolore que la langue française a dénommée pie en hommage au fameux oiseau bavard noir et blanc. Il est pie comme il pourrait être noir, alezan, gris, bai... Certains stud-books – la plupart des races de sport – tolèrent le pie, d'autres, majoritaires, le refusent catégoriquement.
Mais qu'ils portent une robe pie, qu'ils soient enregistrés au stub-book pinto ou qu'ils comptent parmi les paint horses, ces trois type de chevaux ont en commun leur robe bicolore. Aussi, tous trois répondent aux mêmes lois génétiques et aux mêmes désignations.

UN QUARTER HORSE ENJOLIVÉ

LE PAINT HORSE

DE L'IMPORTANCE D'UNE ROBE BIGARRÉE…
QU'ELLE SOIT BICOLORE OU TACHETÉE

Des robes bariolées, en veux-tu en voilà ! Le paint horse tombe à point nommé pour donner la réplique à son compatriote tacheté appaloosa : face à ses mouchetages insolites et génétiquement imprévisibles, le paint horse arbore une robe pie (donc bicolore) bien plus disciplinée.

Et puis, il a su entrer dans les rangs, puisqu'à la différence de l'appaloosa qui souhaite, malgré tout, maintenir ses spécificités morphologiques, le paint horse est tout bonnement un quarter horse pie. Voici donc la preuve par neuf que l'habit fait bel et bien le moine. Car s'il est totalement inopportun de classer le quarter horse dans les chevaux de rêve, son homologue bicolore entre les quatre sabots joints dans cette catégorie très prisée sans que personne n'en doute… Comme quoi, tout est une question de couleurs !

Origines

Le paint horse –l'autre grande fierté des Américains avec l'appaloosa– voit son histoire directement liée à celle du quarter horse. En effet, son stud-book indépendant n'a pris naissance que tardivement, en 1965, lors de la création de l'American Paint Horse Association (APHA). Jusque-là, il était rattaché à celui du Quarter Horse, sous le nom d'American Paint Quarter Horse.

Le quarter horse fut la première race de chevaux développée aux États-Unis et son histoire remonte à celle des premiers colons, planteurs de tabac et de coton, installés en Caroline et en Virginie, voici quelque trois cents ans. En guise de distraction, ils organisaient sur les chemins des plantations, des courses qui dépassaient rarement 440 ***yards***, soit 400 mètres. Et c'est ainsi que leurs chevaux furent surnommés initialement quarter miller ou quarter running horse. Plus tard, les mots furent contractés et réduits au seul binôme quarter horse. Dans leur sang coulait le sang des chevaux importés par les conquistadors espagnols : on retrouve principalement de l'arabe et du barbe et, sans doute quelques traces d'akhal-téké. Les étalons sélectionnés furent alors croisés avec des juments anglaises introduites sur le sol nord-américain en 1611. Le croisement produisit ces fameux chevaux compacts et très fortement musclés, capables de parcourir une courte distance « plus vite que n'importe quelle autre race », disait-on. Les pionniers n'hésitèrent pas à en user et abuser pour partir à la conquête de l'Ouest. Leur succès est à jamais soudé à cette race téméraire et résistante. En 1941, l'American Quarter Horse Association (AQHA) prend naissance et s'installe à Amarillo, au Texas. Depuis, elle gère le plus grand stud-book du monde, puisqu'il totalise plus de 4 millions de chevaux inscrits…

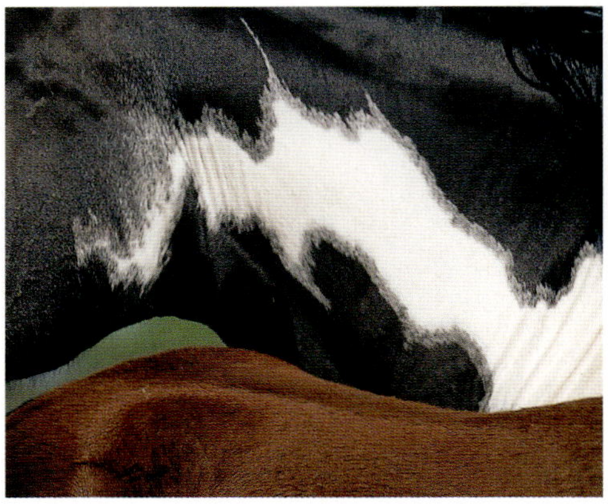

Standard

Exceptée la robe, le standard du paint horse est à peu de choses près celui du quarter horse.

Type
Cheval robuste, sportif, souple et élégant.

Hauteur
Sa taille moyenne se situe entre 1,5 m et 1,6 m.

Poids
Entre 500 et 675 kg

Robe
Le pie se divise en trois robes principales distinctes : les robes overo, où domine la couleur notamment le long de la colonne vertébrale et les robes tobiano où domine le blanc, notamment le long de la colonne vertébrale. Le tovero est un croisement entre l'overo et le tobiano. Toutes les nuances d'alezan, de noir et de bai sont admises.

Caractère
Calme, discipliné et obéissant, le paint horse est un cheval très précoce et intelligent. Sa docilité ne l'empêche pas d'être très vif et réactif quand on le sollicite.

Aptitudes et utilisations
Tout comme le quarter horse, son homologue à robe unie, le paint horse répond parfaitement aux exigences de l'équitation western et excelle dans toutes ses disciplines : cutting, reining, western pleasure, trail et aussi des épreuves de modèle et allure (halter class). Son tempérament calme et son grand confort en font de lui le cheval idéal pour le loisir de la promenade et de la randonnée.

PARTICULARITÉ

Ses caractéristiques génétiques sont fortement encrées et il résiste bien aux croisements.

Tête
La tête est petite, courte et large, bien dessinée. Les oreilles sont petites et pointues. Les yeux, doux et très expressifs, trahissent tout le calme de la race. Le front est souvent musclé. Le chanfrein droit se termine par un nez carré aux naseaux saillants. Les ganaches bien développées lui confèrent une impression de puissance.

Epaules
Les épaules sont obliques, très musclées et bien dessinées.

Garrot
Légèrement prononcé.

Poitrail
Large et profond.

Dos
Dos court et reins puissants.

Croupe
Arrière main également puissante, aux muscles saillant bien dessinés et aux jarrets musclés.

Membres
Droits, solides et musclés. Les aplombs sont bien droits et les canons courts, les jambes fines qui sont naturellement placées sous lui, expliquent son habileté à se déplacer rapidement en toutes directions.

CROISEMENTS

L'association reconnaît seulement trois croisements, qui tous donnent naissance à un poulain paint horse plein papier. Il s'agit des croisements entre :
• Un paint horse et un paint horse ;
• Un paint horse et un quarter horse ;
• Un paint horse et un pur-sang anglais inscrit ou reconnu par le Jockey Club de New York.

Jument paint et sa jolie pouliche paint palomino, Willow Farm

Les robes pie

Comme pour l'appaloosa, les couleurs de robes admises au stud-book pour « bi-colorer » la robe s'élèvent au nombre de treize. On note des pie noir, gris, bai, bai brun, bai rouan, palomino, alezan, mais aussi des robes pie aux nuances intraduisibles comme ces pie sorrel, grullo, blue roan, red dun, dun, bucksin.

Malheureusement, l'apprentissage et la reconnaissance de ces treize robes ne constituent qu'une infime difficulté. Il en est une autre, quasi-herculéenne, qui consiste à faire la part des choses entre les gènes overo et tobiano, qui sont les responsables de la forme et de l'emplacement des tâches sur la robe.

Sitôt plongés dans le vif du sujet, certains se sentiront totalement passionnés, d'autres définitivement et irrémédiablement rebutés !

OVERO, TOBIANO OU TOVERO ?

La bi-coloration des paint horse est très sérieusement

Troupeau de paint horses à Red Hills Ranch, dans le Wyoming, USA

répertoriée, d'autant qu'aujourd'hui, les progrès scientifiques dans le monde de la génétique ont permis de bien connaître les deux gènes différents à l'origine de ces combinaisons infinies qui dessinent leurs robes bicolores. Ce sont les gènes overo et tobiano qui, l'un comme l'autre, tolèrent un large spectre, partant de la robe presque blanche ornée de quelques marques de couleur pour aller jusqu'à la robe de couleur unie, qui affiche discrètement quelques traces blanches.

Dans la mesure où les gènes overo et tobiano sont transmissibles suivant les lois de la génétique, il est très important de différencier un cheval overo d'un cheval tobiano. Il est un moyen quasiment infaillible qui consiste à observer si le blanc traverse ou non la ligne de son dos entre la queue et le garrot. Si oui, alors le cheval est tobiano, sinon, il est overo. Évidemment, il serait impensable que la génétique se contente d'une ligne de démarcation aussi simple et cartésienne ! Elle vient donc compliquer les choses en laissant apparaître le gène tovero, qui résulte d'un mélange entre un overo et un tobiano.

Voici donc quelques clefs bien utiles et même indispensables pour décrypter les paints horses:

• Le tobiano

Il montre habituellement :

Sabina la bien nommée, étrange jument paint overo sabino de l'élevage Boudet. De loin, on la confondrait presque avec une appaloosa

Des taches plus régulières, ovales ou rondes, qui s'étendent sur le cou et la poitrine ;
Sa couleur foncée sur le flanc ou sur les deux flancs, son blanc traversant le dos du cheval entre le garrot et la queue ;
Quatre jambes blanches, au moins en-dessous des jarrets et des genoux ;
Deux couleurs dans la queue ;
Des taches situées sur la tête, complètes et bien définies. Elles peuvent être en forme de flamme (blaze), de bandelette (strip), ou d'étoile (star).

• L'overo

Parmi toutes les sortes d'overo existants, le frame overo est le plus commun.
En général, il montre :
Des taches blanches irrégulières, disséminées ou en forme d'éclaboussures et qui ne traversent pas la ligne du dos ;
Au moins une jambe et souvent les quatre de couleur foncée ; une seule couleur dans la queue ;
Des taches situées sur la tête en forme de tête (***bald-faced***), de tablier (***apron-faced***) ou de bonnet (***bonnet-faced***).
Beaucoup moins fréquent et même rare, l'overo sabino porte une robe tachetée qui rappelle un peu celle de l'appaloosa. À y regarder de près, on a l'impression de voir et de caresser un cheval « bosselé » : ses poils de couleur sont longs et ses poils blancs sont ras, de sorte qu'il semble en pleine crise d'allergie à une injection !
Très exceptionnel, l'overo splashed white arbore des tâches très éclatées.

• Le tovero

Il résulte d'un savant mélange de tobiano et d'overo. Sa robe est, la plupart du temps, à prédominance blanche, mais elle peut aussi être foncée !

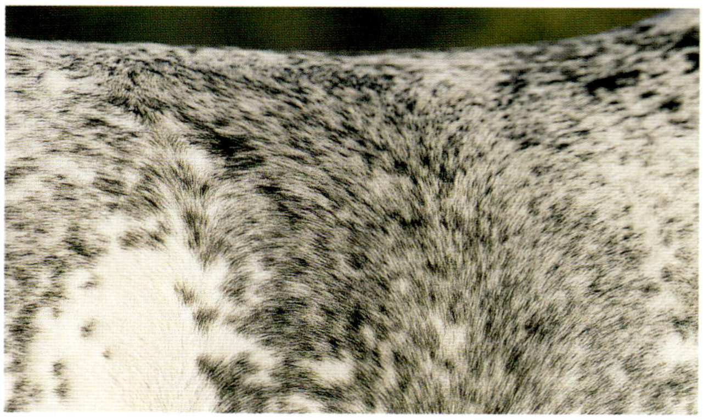

Un peu de génétique !

Le gène overo relève d'une grande complexité et ce n'est pas notre propos que d'entrer dans des équations scientifiques embarrassantes. En revanche, les croisements entre deux tobiano sont complètement rationnels et facilement appréhensibles. Les éleveurs peuvent donc dresser des statistiques de naissance afin de connaître le pourcentage de chevaux solid color qui pourraient naître.

En voici les clefs

Le gène tobiano homozygote se porte sur deux chromosomes. Le paint est alors dit tobiano pur.
Le gène tobiano hétérozygote se porte sur un seul chromosome. Le paint est alors dit tobiano impur.
Tobiano pur x tobiano pur = 100 % tobiano
Tobiano pur x tobiano impur = 50 % tobiano pur et 50 % tobiano impur
Tobiano impur x tobiano impur = 25% tobiano pur et 50% tobiano impur et 25% solid color
Tobiano pur x solid = 100 % tobiano impur
Tobiano impur x solid = 50 % tobiano impur et 50 % solid
Solid x solid = 100 % solid color (1)
Quant au croisement d'un tobiano par un overo, il peut donner aléatoirement du tobiano, de l'overo, du tovero ou du solid.

Le gène du poulain blanc

À ce jour, les seuls chevaux pie frame overo (2) sont reconnus pour être porteurs du gène albinos (3), plus usuellement appelé gène du poulain blanc.

Même si des éleveurs s'y risquent, le croisement de deux frame overo est osé car statistiquement, il pourrait faire apparaître 25% d'albinos non viables :
Un frame overo et frame overo donnent 50 % d'overo, 25% de solid color et 25% d'albinos.
En réalité, il naît beaucoup moins d'albinos que les chiffres veulent nous le laisser croire, simplement parce que l'albinisme n'étant pas viable chez le cheval, la mère «coule» la plupart du temps - son fœtus meurt dans l'utérus bien avant terme. S'il est précoce, cet avortement peut être tellement discret qu'il n'est pas rare qu'il passe totalement inaperçu.
D'autre part, certains éleveurs prudents procèdent à la recherche du génotype de leurs étalons overo. Si le gène albinos n'est pas décelé, ils peuvent alors s'en retourner à la reproduction et saillir des juments frame overo sans le moindre risque.
Les recherches de gène étant encore onéreuses, elles n'ont pas été imposées par le stud-book et elles restent encore sporadiques. Aussi, par précaution, mieux vaut s'abstenir d'associer deux frame overo entre eux et il est plus sérieux de se contenter de croiser les frame overo à des solid color (4), d'autant que le résultat donne exactement le même pourcentage d'overo puisque : un solid color et un frame overo donnent 50 % d'overo et 50% de solid color.
On comprend alors toute l'importance des solid color dans le stud-book paint et le rôle essentiel qu'ils jouent au sein du breeding stock (4).

De l'importance des solid color

Bien moins prisés que leurs congénères overo, tobiano ou tovero pour une question évidente d'esthétique, les paint horses à robe unie (solid color) sont automatiquement déclassés du livre régulier pour être enregistrés au breeding stock. Pourtant ces solid color jouent un rôle non négligeable. En effet, même s'ils ne l'affichent pas expressément sur leur robe, ils restent porteurs en eux du gène overo ou tobiano. Aussi, ils peuvent servir de réservoir d'élevage aux overos, leur évitant ainsi le risque du poulain blanc.

Au même titre que les paint horse pie inscrits au livre régulier, les solid color peuvent participer aux concours d'équitation western. En revanche, pour les présentations et concours de modèle et allures, ils sont séparés des regular paint et concourent dans des épreuves breeding stock.

(1) : Il arrive parfois que, par mutation des gènes, le croisement de deux chevaux solid donne naissance à un overo. Même si sa robe ne se contente alors d'afficher qu'une très légère trace blanche (il est dit overo minimum), ce cheval est désormais porteur du gène overo, qu'il peut alors transmettre comme n'importe quel overo.

(2) : Quelques très rares cas ont été enregistrés démontrant la présence du gène albinos chez de solid color et même chez des tobiano.

(3) : Albinos, explications page 143.

(4) : Solid color et breeding stock : définitions page 167.

Mr Cupid Junior, paint horse de l'élevage Boudet

Appaloosa et Paint : quelques points communs

• Prix communs

Le paint et l'appaloosa connaissent aujourd'hui un engouement particulier en Europe, qui dépasse largement le phénomène de mode de la seule équitation western. Peints ou tachetés, ces chevaux bigarrés séduisent aussi les cavaliers de loisir, qui trouvent en eux les charmes d'un caractère généreux et gentil, posé et froid et les joies d'un tempérament puissant et réactif.

Pour faire face à une demande exponentielle, les éleveurs vendent la plupart de leurs poulains au sevrage (à six mois) et il est de plus en plus courant qu'ils vendent des produits sur commande, avant même qu'ils soient conçus !

Un poulain coloré au sevrage se négocie en moyenne autour de 4 000 € quand un solid color se vendra entre 1 800 à 2 300 €.

Un cheval de quatre ans bien dressé coûte au bas mot 7 000 €. En fonction de ses origines et de ses résultats en compétition, le prix peut grimper de façon vertigineuse.

Rappelons que les quarter horses, paint et appaloosa sont mis au débourrage dès deux ans et demie voire même 18 mois… À quatre ans, ils ont déjà un sérieux parcours derrière eux…

• Du côté des associations

Les associations Appaloosa Horse Club France (AHCF) et France Paint Horse Association (FPHA) sont officiellement reconnues par leur « maison mère » American Paint Horse Association et Appaloosa Horse Club comme leur représentante sur le sol français et à ce titre, elles sont habilitées à prendre en charge la promotion de la race, ainsi que la gestion et l'organisation des concours et évènements français. En revanche, elles n'ont aucune autorité en matière de papiers, puisque toutes les inscriptions se font auprès de l'APHA ou de l'ApHC aux États-Unis, détentrices de l'unique stud-book paint horse et appaloosa. Les deux associations françaises proposent cependant leur aide aux éleveurs et propriétaires français afin de faciliter les relations avec l'APHA et l'ApHC (assistance administrative, traduction des documents…).

Night and Day, étalon pinto overo, fils de Malik, élevage Boudet

Malik, étalon pinto overo palomino, ici à 21 ans, encadré par ses deux fils. Décidément, la génétique fait des miracles !

UN QUARTER HORSE ENJOLIVÉ

LE PINTO

LE PINTO EST UN CHEVAL PIE INSCRIT AU STUD-BOOK DE COULEUR AMÉRICAIN GÉRÉ PAR LA PINTO HORSE ASSOCIATION OF AMERICA (PTHA).

Fondée en 1947, cette association s'est attelée à promouvoir les chevaux et poneys à robe pie, en tâchant, à travers l'ouverture d'un stud-book officiel, d'établir des lignées constatées de chevaux pie.

Le stud-book pinto est donc essentiellement un livre de couleur, puisqu'il y admet toutes les races de chevaux, poneys et chevaux miniatures, à l'exception des mules, des chevaux de trait, des appaloosa et des chevaux tachetés.

Un tel stud-book, ouvert à la quasi-totalité des races, présente un réel péril : il peut vite servir de fourre-tout à toutes les races qui ne reconnaissent pas le pie dans leur standard ; il peut aussi devenir la poubelle de celles qui l'admettent, mais qui évincent de leurs livres des sujets les plus médiocres ou jugés indésirables. Afin de ne pas déraper et tomber dans ce dangereux abîme, le PtHA tient à imposer des critères de bonne conformation morphologique et à contrôler tous les enregistrements, notamment en ce qui concerne les mâles. Ainsi, pour être inscrit, un étalon pie doit faire montre de ses pleins papiers dans un stud-book de race reconnu, son père et sa mère sont donc enregistrés dans ce même stud-book). Si tel n'est pas le cas, ses parents doivent être inscrits l'un et l'autre au PtHA. Le manque de contrôle des lignées maternelles (et accessoirement des hongres) laisse toutefois la porte ouverte à des sujets pas forcément recommandables ! En effet, le livre des juments et des hongres n'exige que comme seule contrainte d'enregistrement d'afficher une seule robe pie et d'une morphologie conforme.

Remerciements

Cet ouvrage n'aurait jamais pu voir le jour sans la gentillesse, la disponibilité et le savoir des éleveurs qui nous ont reçues chez eux.

Mention spéciale à **Christiane Boudet** (élevage Boudet, Vic-La-Gardiole, 34), grande spécialiste de la génétique des couleurs, qui réussit l'exploit d'élever brillamment toutes les races de couleurs (palomino, pure race crème, appaloosa, pinto et paint horse). Ses étalons rares se sont prêtés au jeu de l'objectif avec talent.

Amitiés profondes et sincères à **Pierre et Joëlle Delgado**, leurs filles Magali et Estelle et **Frédéric Pignon** (Elevage Delgado, Velleron, 84). Ils ont achevé de me rallier définitivement à la cause lusitanienne ! Sans oublier le clin d'œil complice aux deux stars de la maison Delgado : Dao et Templado.

Amitiés aussi à **Laurence Bouteiller,** la cavalière de paso à l'élevage Criadero Santa Maria (Haras du Château, 89). Elle a emprunt de sa bonne humeur et les chevaux de paso peruano et fino qu'elle travaille et sort en concours et démonstrations pour promouvoir la race dans toute l'Europe, quand elle n'est pas au Pérou... Remerciements respectueux à **Aloys et Verena Tschumperlin**, éleveurs et propriétaires du Criadero Santa Maria, qui ont eu la bonne idée d'importer d'Amérique du Sud ces chevaux si attachants.

Mes meilleurs souvenirs aux éleveurs portugais qui nous ont si chaleureusement reçus :
Paulo Caetano et sa fille Maria (Coudeleria Caetano, Monforte, Alentejo) ;
Jorge Ortigao Costa (Coudeleria Ortigao Costa, Azambuja, Ribatejo) ;
Luis et Piedade Pidwell (Coudeleria de Santa Margarida, Figueira dos Cavaleiros, Alentejo) ;
Manuel Tavares Veiga (Quinta da Broa, Golega, Ribatejo) ;
Et **Manuel Assunçao Coimbra** (Coudeleria Coimbra, Golega, Ribatejo).
Remerciements tous particuliers à **Joao Ralao Duarte, Bento Castelhano** et l'A.P.S.L, sans qui ces rencontres n'auraient pu avoir lieu.

Remerciements très chaleureux à :
Jean-Pierre et Natacha Bues (Élevage Bues, Gan, 64) pour leur expérience acquise en Russie et en Orient et leurs connaissances qu'ils ont rapportées dans leurs bagages. Leur passion pour l'akhal-téké et son berceau de race est une sorte de virus transmissible !
Hubert Parot qui a accueilli Eric Knoll au Maroc et qui a organisé pour lui un reportage photos sur les chevaux barbes, ainsi qu'à Badre Fakir de la Fédération équestre royale marocaine.
Remerciements sincères à :

Dominique et Sabine Akel (Cedar-Oak Arabians, Faverolles, 28) ainsi qu'à leur soigneur **Eddy Cardinet**, sans qui la fameuse photo de Padishah (et bien d'autres) n'aurait été possible ;
Hervé et Katell Ropartz (Haras de la Châtaignière, Lormes, 58) ;
Philippe Pellerin (Élevage du Phoenix, Saint Brancher, 89) ;
Leurs exceptionnels chevaux pur-sang arabe laissent rêveur !

Edouard et Nadine Fuentes et leurs fils **Jérôme et Nicolas** (Élevage Fuentes, Saint Genies de Malgoires, 30) ; **Louis Nicollin** (Mas Saint Gabriel, Marsillargues, 34) et plus particulièrement à **Jacques Bonnier** et **Vincent Revel** ;
Delphine et Eric Buc (Cheval Ciné Action, 77) ;
Et leurs chevaux de pure race espagnole, magnifiques artistes si généreux envers l'objectif.

Corinne Eisele (Domaine du Frison, Macey, 10) ;
George Steinmetz (Élevage du Sternberg, Froeschwiller, 67) ;
Pascal Delage (Haras du Loup Pendu, Crespières, 78) ;
Ted Kop Jansen et **W. Jorritsma**, éleveurs hollandais d'exception (Frise, Pays-Bas) ;
Et **Piet Sibma**, le meilleur présentateur de frisons de tous les temps (Frise, Pays-Bas) !
Ils nous ont permis d'entrer dans le monde si fermé de l'élevage frison.

Antoine et Catherine Roland (Haras de la Crouzière, Castelnau de Montmirail, 81) pour leurs shagya ;
Yvon Babin (Elevage Babin, Champniers Reilhac, 24) pour ses chevaux barbes ;
Betty Jean (Élevage du Sagiran, Pleaux, 15) et son remarquable élevage appaloosa ;
Paul-André Vergnes (Willow Farm, Mirepoix, 09), pour ses paint horses et quarter horses ;
Vanessa Jenkins (Faryo Creme Horse, Montgaillard, 81) pour ses chevaux crème et pour le combat qu'elle mène pour la reconnaissance officielle de la race ;
Christine Goetz (La Chaussée des Mouettes, 27) pour ses connaissances sur le crème, le palomino et l'isabelle.

Et bien évidemment, mes remerciements les plus admiratifs et les plus amicaux à Thierry Ségard, Eric Knoll et Claude Poulet. Leurs photos sont de vrais bijoux.

Crédits photos

Couverture :
iStock

Photos iStock by Getty Images :
p. 6 à 25, 44, 60, 108-109, 116-117, 140, 142 à 154, 156 à 159, 162, 173.

Eric Knoll :
p. 26, 27, 57b, 88, 89, 90, 91, 92b, 97, 101, 102b, 123b, 126, 127, 130b.

Thierry Ségard :
p. 2, 3, 4, 11, 12-13, 21b, 24, 25, 26, 27, 28, 28-29, 30, 31, 32, 33, 34-35, 36, 37, 38, 39, 40-41, 45, 52, 53, 54, 55, 56, 57a, 58-59, 61, 62, 63, 64, 65, 66, 67, 68-69, 70, 71, 72, 73, 74, 75, 76-77, 78, 79, 80-81, 82, 83, 84-85, 86-87, 92a, 93, 94, 95, 96, 97, 98, 99, 100, 102b, 102c, 103, 104, 105, 106-107, 110, 111, 112, 113, 114, 115, 118-119, 121, 122, 123a, 124-125, 126, 128, 129, 130a, 131, 132, 133, 134-135, 136, 137, 138, 138-139, 140b, 141, 151, 155, 160, 161, 162, 163, 164, 165, 166-167, 168, 169, 170-171, 171b, 172, 174, 175, 176-177, 178, 179, 180-181, 182b, 183, 184, 185, 186-187, 188, 189, 190, 191, 192, 193, 194, 195a, 196-197, 198, 199, 200-201, 201b.

Claude Poulet :
p. 42, 43, 45, 46, 47, 48, 49, 50, 51, 186a, 190-191, 195b.

Couverture : Martin Laignel
Direction artistique : Caroline Ialeta Ballini / Studio So What Co., Ltd.

ISBN : 978-2-38058-377-9
Dépôt légal : octobre 2023
Achevé d'imprimer en août 2023 par NCPrinting en Chine